Homepage, Blog und Co.

Patrick Lobacher

Digitale Welt für Einsteiger

Homepage, Blog und Co.

Der beste Weg zur eigenen Webpräsenz

Inhaltsverzeichnis

6 Bevor Sie loslegen
7 So funktioniert das Buch
10 Brauchen Sie eine große, ausführliche Webseite?
12 Wie ist das Internet aufgebaut?
22 Was wird benötigt für den eigenen Onlineauftritt?
24 Welche Arten des Onlineauftritts gibt es?
28 Mit welchen Kosten und Aufwendungen ist zu rechnen?

30 Die eigene Webseite bei Facebook
31 Eine Seite bei Facebook erstellen
37 Die Seite gestalten
39 Einstellungen bei Facebook

44 Die eigene Webseite in fünf Minuten
45 Die Web-Visitenkarte
47 Die Anbieter im Überblick
53 Konkrete Implementierung einer Web-Visitenkarte
63 Web-Visitenkarte aktiv nutzen

64 Konzeption einer Webseite
65 Basiskonzept
67 Konkurrenzanalyse
69 Eine Persona entwickeln
71 Navigationskonzept
74 Feinkonzept

80 Das richtige Hosting finden und einrichten
81 Was ist Hosting?
81 Hosting-Leistungen
85 Arten des Hostings
87 Welche Anbieter gibt es?
93 Ein Hosting einrichten

10
Wie viel Aufwand soll Ihre Webseite kosten? Prüfen Sie, ob eine schnelle Lösung genügt oder ob es die umfangreiche Variante sein soll.

53
Die schnelle Variante: In fünf Minuten zur eigenen Homepage.

87
Größere Webseiten benötigen Webspace bei einem Hoster. Suchen Sie sich das für Sie günstigste Angebot.

Stiftung Warentest | Homepage, Blog und Co.

104

Einmal erklärt, ist WordPress ein unkompliziertes Baukastensystem für Webseiten.

138

Sieht komplizierter aus, als es ist: Wer ein paar Grundlagen zu HTML und CSS kennt, kann seine Webseite individuell gestalten.

153

Eine gute Suchmaschinenoptimierung (SEO) sorgt dafür, im Netz besser gefunden zu werden.

100 Eine Webseite mit WordPress erstellen
- 101 WordPress installieren
- 104 Einloggen und erste Schritte im Back-End
- 108 Erste Änderungen an der Webseite vornehmen
- 112 Einen Beitrag schreiben und veröffentlichen
- 114 Seiten verwalten und eine neue Seite hinzufügen
- 118 Fotos online stellen
- 121 Videos einbinden
- 123 Die Einstellungen von WordPress
- 125 Plug-ins
- 128 Design: Themes hinzufügen

130 Erste Schritte mit HTML & CSS
- 131 Wozu sich die Mühe machen?
- 132 Ein fertiges Template finden und verwenden
- 138 Das kleine Einmaleins des Markups (HTML & CSS)
- 147 Einführung in CSS
- 151 Änderungen am Template vornehmen

152 Marketing und SEO
- 153 Suchmaschinenoptimierung (SEO)
- 157 Google Search Console
- 159 Geld verdienen mit der eigenen Webseite
- 162 Wie bekomme ich mehr Besucher auf die Webseite?

164 Recht im Netz
- 165 Impressumspflicht beachten
- 167 Haftung für Hyperlinks
- 169 Datenschutzrecht
- 170 Rechtliches zu Fotos

172 Hilfe
- 172 Stichwortverzeichnis

Bevor
Sie loslegen

Sie möchten einen ansprechenden Webauftritt für Ihr privates oder berufliches Projekt erstellen, besitzen jedoch keinerlei Vorkenntnisse im Bereich Webseitenerstellung? Das ist heutzutage kein Problem mehr. Es gibt allerdings ein paar Dinge, über die Sie nachdenken sollten, bevor Sie loslegen.

So funktioniert das Buch

Eine eigene Webseite ist einer der wichtigsten Bausteine, wenn es darum geht, ein Projekt oder ein Vorhaben bekannt zu machen. Allerdings ist es scheinbar nicht trivial, eine solche zu erstellen und zu unterhalten.
Mit diesem Buch halten Sie einen ausführlichen Überblick über die weite Welt der Onlineauftritte und Webseiten in Ihren Händen. Dabei wird mit wenig aufwendigen Webpräsenzen im größten sozialen Netzwerk Facebook sowie einer schnellen Web-Visitenkarte im Internet begonnen, um anschließend tiefer in Aspekte der Konzeption einzusteigen. Mit dieser Grundlage wird dann von Grund auf ein erster Blog mit individueller Gestaltung erstellt und schließlich eine selbst geplante Webseite gebaut, die Sie mit HTML, CSS und JavaScript-Funktionen versehen.
Dieses Buch bietet Ihnen alles, was Sie dazu wissen müssen. Sie lernen auch, was Sie zu tun haben, damit Ihre Seite auf den unterschiedlichen Bildschirmen und mobilen Geräten gut aussieht. Zudem erhalten Sie nützliche Tipps zur Suchmaschinenoptimierung, Benutzerfreundlichkeit, Barrierefreiheit sowie zum Marketing. Aber auch die rechtlichen Rahmenbedingungen werden nicht zu kurz kommen, genauso wie Hilfe zur Selbsthilfe, wenn ein Hacker Ihre Webseite übernommen haben sollte.
Das Besondere an diesem Buch ist, dass Sie direkt an praktischen und gut nachvollziehbaren Beispielen lernen, Ihre professionelle Onlinepräsenz zu erstellen. Alles wird verständlich und gut bebildert ausführlich erklärt.

Der Aufbau des Buches

Eine eigene Webseite zu erstellen, ist am Ende kein Hexenwerk. Über sogenannte Homepage-Baukästen kann man in wenigen Stunden einen eigenen Onlineauftritt live schalten. Aber genauso wie aus einem Warenkorb voller Lebensmittel nicht automatisch ein Drei-Sterne-Menü wird, ist ein in Kürze zusammengeklickter Webauftritt automatisch erfolgreich.

Dieses Buch zeigt Ihnen, wie Sie praktisch ohne Vorwissen in kurzer Zeit zum Ziel kommen. Dazu brauchen Sie nur:

- **Einen Computer** (Windows, Mac oder Linux)
- **Grundwissen** im Umgang mit Ihrem Betriebssystem
- **Einen Internetzugang**
- **Geübten Umgang** mit dem Internet
- **Neugier** darauf, wie das Internet funktioniert
- **Interesse** am Erstellen einer guten Onlinepräsenz

Dieses Buch ist für mit dem Internet geübte Menschen geschrieben, die aber noch keinerlei Erfahrung mit dem Erstellen von Webseiten haben und hier nun unabhängig von anderen (wie Experten oder Agenturen) eine eigene Webpräsenz gestalten wollen.

Spezielle Vorkenntnisse werden nicht vorausgesetzt. Daher wird darauf verzichtet, serverseitige Script-Sprachen wie PHP zu thematisieren – auch wenn viele Funktionen im Internet durch diese realisiert werden. Doch selbst ohne diese werden Sie alle Funktionalitäten moderner Webseiten nutzen können.

Im späteren Verlauf dieses Kapitels wird zunächst erklärt, wie das Internet aufgebaut ist, welche verschiedene Arten von Onlinepräsenzen es gibt, was dazu benötigt wird und welcher finanzielle sowie sonstige Aufwand entstehen könnte (siehe „Mit welchen Kosten und Aufwendungen ist zu rechnen?", Seite 28f.).

Im zweiten Kapitel legen Sie bei der weltweit größten sozialen Plattform Facebook eine Onlinepräsenz an und konfigurieren diese (siehe „Die eigene Webseite bei Facebook", Seiten 30–43).

Weiter geht es im dritten Kapitel mit der Web-Visitenkarte, die Sie in nur wenigen Minuten erstellen und ebenfalls entsprechend anpassen können (siehe „Die eigene Webseite in fünf Minuten", Seiten 44–63).

In Kapitel vier geht es darum, gezielt Gedanken zu einer sauberen und ausführlichen Konzeption zu fassen (siehe „Konzeption einer Webseite", Seiten 64–79).

Das fünfte Kapitel beschäftigt sich mit dem Hosting – also dem Platz für Ihre Webseite im Internet (siehe „Das richtige Hosting finden und einrichten", Seiten 80–99).

Das sechste Kapitel wendet sich der erfolgreichsten Plattform für Webpräsenzen zu: WordPress. Dort lernen Sie, WordPress zu verwenden, die Webseite einzurichten und diese anschließend zu konfigurieren. WordPress hat den großen Vorteil, dass es kein Desktop-Programm zur Erstellung einer Webseite benötigt – denn diese sind oftmals nicht für alle Betriebssysteme erhältlich. Sie sind in diesem Ratgeber also vollkommen unabhängig davon, ob Sie einen Windows-PC oder einen Mac verwenden – oder alles am Android-Tablet oder auf dem iPad ausführen (siehe „Eine Webseite mit WordPress erstellen", Seiten 100–129).

Im darauffolgenden Kapitel sieben erstellen Sie mittels HTML, CSS und JavaScript eine Webseite in Handarbeit – also mit den Bausteinen aller Webseiten im Internet. Aber keine Angst, auch wenn allein diese drei Komponenten moderner Webarchitekturen viele Bücher füllen könnten – wir belassen es bei einem praktischen Überblick. So wird Ihnen genau die Menge Rüstzeug an die Hand gegeben, um Ihre Webseite von einer Standardvorlage zu einem individuellen Webauftritt zu gestalten (siehe „Erste Schritte mit HTML/CSS", Seiten 130–151).

Um die Webseite nun bekannt zu machen, wird Grundwissen über Marketing und SEO benötigt, das Sie sich in Kapitel acht aneignen (siehe „Marketing und SEO", Seiten 152–163).

Im abschließenden neunten Kapitel werden Sie mit Informationen über die rechtlichen Rahmenbedingungen und Hilfen versorgt, für den Fall, dass Ihre Webseite einmal gehackt werden sollte (siehe „Recht im Netz", Seiten 164–171).
Serverseitige Script-Sprachen wie PHP werden nicht thematisiert – auch wenn viele Funktionen im Internet durch diese realisiert werden. Doch auch ohne diese werden Sie alle Funktionalitäten moderner Webseiten nutzen können.

Brauchen Sie eine große, ausführliche Webseite?

Wenn man sich eine Webseite vorstellt, hat man wohl meist eine große, ausführliche Seite vor Augen. Es geht aber auch ein oder zwei Nummern kleiner. Manchmal ist das sogar viel sinnvoller.

Beispiel 1: Onlineaffinität der Zielgruppe prüfen

Früher oder später müssen Sie sich Gedanken zu Ihrer potenziellen Zielgruppe machen. Würde sie wirklich im Internet nach Ihrem Angebot suchen wollen? Ist dieser Kanal tatsächlich der richtige?
Aus persönlicher Erfahrung kann das Beispiel einer Tagesmutter dienen. Diese wollte ihre Dienste im Internet anbieten und hatte dazu eine kleine Webseite erstellen lassen. Leider vergeblich, wie sich später herausstellte, denn kaum jemand besuchte die Webseite. Im persönlichen Gespräch mit den Müttern stellte sich schnell heraus, dass diese ausschließlich über Empfehlungen anderer Mütter zu ihr kamen und nicht über das Internet. Selbst wenn Kunden nicht über Empfehlungen aufmerksam wurden, war ein Zettel am Schwarzen Brett im Kindergarten deutlich hilfreicher.

Höchstwahrscheinlich sind die meisten jungen Eltern im Allgemeinen sehr internetaffin und haben keine Probleme mit moderner Technik. In Ihrer Rolle als „Mutter" (oder „Vater") greifen aber andere Präferenzen, als wenn sie sich in der Rolle „Abteilungsleiterin" oder „Fan einer Serie" befinden (siehe auch „Eine Persona entwickeln", S. 69). Hier zählt persönliche Empfehlung mehr.

Eine Facebook-Seite, die Kontaktdaten, die Gegend, in der die Dienste angeboten werden, sowie Zitate zufriedener Kunden enthält, reicht hier völlig (siehe „Webseite bei Facebook", ab S. 30).

Beispiel 2:
Notwendigkeit des Marketings einschätzen

Wenn Sie als Arzt, Handwerkermeister, privater Steuerberater oder Ähnliches mit Kunden (oder Patienten) zu tun haben, kann etwas Selbstvermarktung nie schaden – möchte man meinen.

Aber wenn der Kalender vor lauter Terminen überquillt, wenn Sie in Ihrer Gegend über persönliche Empfehlungen bestens vernetzt sind oder wenn Sie Stammkunden haben, auf deren Aufträge Sie sich definitiv verlassen können – wozu sich dann die Mühe machen und einen aufwendigen Webauftritt planen, bezahlen und betreuen?

Hier würde eine individuelle, aber eine pflegearme Web-Visitenkarte mit den Basisinfos reichen (siehe Kapitel 3, ab S. 44).

Beispiel 3:
Produkt bzw. Dienstleistung vermittelbar gestalten

Wenn Sie eine Webseite erstellen, um ein Produkt oder eine Dienstleistung zu bewerben, muss es möglich sein, diese zu beschreiben, damit Ihr Angebot auch das Interesse eines Käufers weckt.

Ist dies nicht möglich, weil das Produkt oder die Dienstleistung schlicht nicht vermittelbar ist, sollten Sie den Zweck Ihrer Webseite anders ausrichten.

In einem solchen Fall würde also eine Shop-Webseite zur direkten Bestellung weniger Sinn machen als zunächst eine Info-Webseite, die Ihre Idee beschreibt, Interesse weckt und versucht, Termine zur Präsentation vermitteln. WordPress bietet hierfür viele ansprechende Designvorlagen (siehe „Webseite mit WordPress", ab S. 100).

Beispiel 4:
Kooperieren statt kopieren

Stellen Sie sich vor, Sie würden gern Modelleisenbahnen verkaufen. Nun wollen Sie eine Webseite zu deren Veräußerung programmieren (lassen), am besten mit Onlineshop zum direkten Verkauf und allem, was dazu gehört. Das ist natürlich möglich.
Allerdings gibt es bereits Anbieter im Internet, die sich ausschließlich auf den Verkauf von Dingen spezialisiert haben, beispielsweise eBay und Amazon. Womöglich ist es klüger, sich auf diesen Plattformen einen Account anzulegen und die Produkte dort zu verkaufen, denn meist ist dies für den Anbieter kostenfrei möglich (er zahlt lediglich eine Verkaufsprovision) – und vor allem in wenigen Minuten startbereit.

Wie ist das Internet aufgebaut?

Bevor es losgeht, machen wir einen Schritt zurück und schauen uns an, wie das Internet aufgebaut ist. Daraus ergeben sich verschiedene Begriffe, die Ihnen immer wieder begegnen werden.

Die Geschichte des Internets

Die Grundidee des Internets ist letztlich im Kalten Krieg zwischen den USA und der damaligen Sowjetunion, Ende der 1960er-Jahre entstanden.

Das US-Verteidigungsministerium wollte damals vor allem ein dezentralisiertes Computernetz entwickeln, das im Falle eines Nuklearangriffs die Kommunikation aufrechterhielt und darüber hinaus den Datenaustausch verschiedener Forschungsstellen (die für das US-Verteidigungsministerium forschen) im Land ermöglichte.

Die ARPA (Advanced Research Projects Agency) entwickelte daher ab 1968 im Auftrag der US-Luftwaffe und unter Leitung des Massachusetts Institute of Technology (MIT) und des US-Verteidigungsministeriums ein Netzwerk, dass das Stanford Research Institute, die University of Utah, die University of California, Los Angeles und die University of California, Santa Barbara, miteinander verband: das sogenannte ARPANET.

Schon bald allerdings überwand die dem ARPANET zugrunde liegende Idee die Grenzen des militärischen Bereichs, für den sie seinerzeit entwickelt worden war. So wurde nach weiteren Möglichkeiten zum Datenaustausch und zur Nachrichtenübermittlung gesucht. Neben dem ARPANET entstanden schnell spezielle Wissenschaftsnetze, deren Betreiber eine gemeinsame Schnittstelle zum Datenaustausch untereinander forderten. Aus diesem Grund wurde von der ARPA – mittlerweile in DARPA (Defense Advanced Research Projects Agency) umbenannt – ein Programm ins Leben gerufen, das dies vorantreiben sollte.

Eine der ersten Entwicklungen war 1971 die Erfindung der „E-Mail". Zurückzuführen ist dies auf den Computertechniker Ray Tomlinson, der ein E-Mail-Nachrichtensystem vorstellte und seine erste E-Mail verschickte. In dieser beschreibt er die Verwendung des @-Zeichens, das noch heute ein fester Bestandteil einer E-Mail-Adresse ist.

Um dieses Projekt verwirklichen zu können, suchte man nach Möglichkeiten, um die verschieden konfigurierten Netze untereinander ansprechbar zu machen. Die Lösung hierzu lag in der Verwendung eines sogenannten Protokolls, das den Datenaustausch plattformunabhängig machte.

Hieraus entwickelten sich u. a. die folgenden drei Protokolle:
- **FTP** (File Transfer Protocol)
- **TCP** (Transmission Control Protocol)
- **IP** (Internet Protocol)

> **Info**
>
> **Protokoll:** Ein Protokoll zeichnet den Zeitpunkt oder die Abfolge unterschiedlicher Abläufe auf bzw. legt diese Parameter fest. Darüber hinaus ist hieraus ersichtlich, wer oder was diese Abläufe ausgelöst hat oder noch auslösen wird.

Während das Protokoll FTP 1972 zur Übertragung von Daten erfunden wurde, kamen 1974 die beiden weiteren, essenziellen Protokolle TCP und IP hinzu.

Beide werden heute als Protokollfamilie „TCP/IP" angesprochen und bilden die Grundlage des Internets. Um sicherzugehen, dass alle angeschlossenen Rechner das neue Protokoll verwenden, schrieb das US-Verteidigungsministerium TCP/IP als Standard vor, was bis heute der Fall ist.

Wenn man im Internet Daten versenden will, geschieht dies grundsätzlich paketorientiert. Der Sender teilt alle Daten in Blöcke auf und verschickt diese. Bei Leitungsstörungen werden die verlorenen Blöcke automatisch wieder angefordert.

Für die Aufteilung der Pakete ist das IP zuständig. Dafür enthält das Paket Daten und einen Header, der z. B. die Bestimmungsadresse beinhaltet. Das TCP wiederum ist für den Transport der Datenpakete über das Netzwerk zuständig. Es ist in der Lage, den Sender zur erneuten Sendung eines Pakets aufzufordern (wenn dies beispielsweise verloren gegangen ist oder unvollständig ankommt) oder aber auch die Reihenfolge wiederherzustellen, wenn die Pakete über verschiedene Leitungen und Netzwerke verschickt werden und dadurch ein zeitlich versetztes Eintreffen der Pakete eintreten sollte.

Ein weiterer Meilenstein für das Internet wird im Jahr 1983 angesiedelt. Damals wurde vom ARPANET das MILNET abgespalten, das die militärische Funktion übernahm, während das ARPANET für die weitere Forschung im Netzbereich zuständig war. Mitte der 1980er-Jahre schließlich war das CSNET das erste eigenständige Netzwerk, das die Erlaubnis der DARPA erhielt, sich dem ARPANET anzuschließen.

Das ARPANET wurde schließlich im Juni 1990 aufgelöst und seine bisherige Funktion in die größere Struktur des Internets integriert. An die Stelle der DARPA trat die NSF (National Science Foundation) und übernahm die Leitung und die technische Betreuung. Das Prinzip des Internets war durch die beiden Netze ARPANET und CSNET jedoch bereits geschaffen worden: Netzwerke sollten mit einem einheitlichen Protokoll (TCP/IP) mit neuen Netzwerken, die in den Verbund integriert werden, kommunizieren können.

Im Jahr 1989 schließlich veröffentlichte der britische Physiker und Informatiker Tim Berners-Lee die ersten Entwürfe der Auszeichnungssprache HTML (Hypertext Markup Language). Er zeichnete sich aber nicht nur für die Sprache verantwortlich, auf der heute noch alle Webseiten basieren, sondern entwickelte hierfür auch das Protokoll HTTP (Hypertext Transfer Protocol).

Über das Protokoll HTTP wird ein Navigieren über sogenannte Hyperlinks (oder kurz Links) ermöglicht – nun konnten gezielte Verbindungen zu Informationen auf anderen Webseiten hergestellt werden.

Tim Berners-Lee entwickelte darüber hinaus auch die URL (Uniform Resource Locator), den ersten Internetbrowser (WorldWide-Web) und den ersten Internetserver (CERN httpd). Mit diesen Erfindungen war das WWW (World Wide Web) geboren – der Siegeszug des Internets konnte beginnen. Gleichzeitig bedeutete dies aber

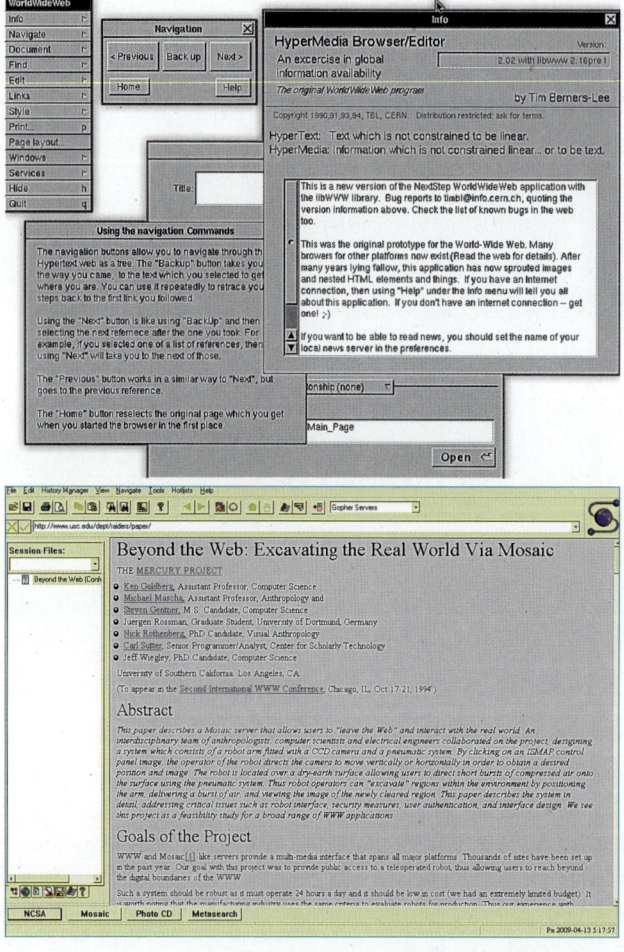

auch den Niedergang des ARPANET; es wurde noch im selben Jahr abgeschaltet.

Tim Berners-Lee hatte mit WorldWideWeb zwar den ersten Internetbrowser entwickelt, mit dem es möglich war, die Internetangebote anzusehen, dieser konnte sich aber in der breiten Masse aus diversen Gründen nicht durchsetzen. Erst der von Marc Andreessen und Eric Bina 1993 entwickelte Browser Mosaic schaffte es – dank der Grafikfähigkeit – zur massenhaften Verbreitung.

Aufgrund des Erfolgs gründete Marc Andreessen zusammen mit Jim Clark die Firma Netscape und veröffentlichte kurze Zeit später auch den gleichnamigen Internetbrowser Netscape, der schnell zum führenden Zugangsprogramm zum Internet wurde.

Doch irgendwann bemerkte Microsoft den Erfolg und vor allem das Potenzial und veröffentlichte den Microsoft Internet Explorer, der Netscape immer mehr Marktanteile abnahm, bis Netscape die Entwicklung seines Browsers 2008 schließlich einstellte.

Ein weiterer wichtiger Meilenstein in der Geschichte des Internets war der Start der ersten Suchmaschinen im Jahr 1994. Die ersten Suchmaschinen waren Lycos und YAHOO (eine Art Internetverzeichnis).

Im Jahr 1995 kam AltaVista als Suchmaschine hinzu und 1998 schließlich Google, die von Larry Page und Sergey Brin entwickelt wurden. Letztere gewann an Einfluss und ist bis heute die größte und am meisten verwendete Suchmaschine weltweit. Das liegt zum einen an der Schnelligkeit der Ergebnisse, aber auch daran, dass Google dank seines hauseigenen Betriebssystems Android auf sehr vielen Smartphones präsent ist.

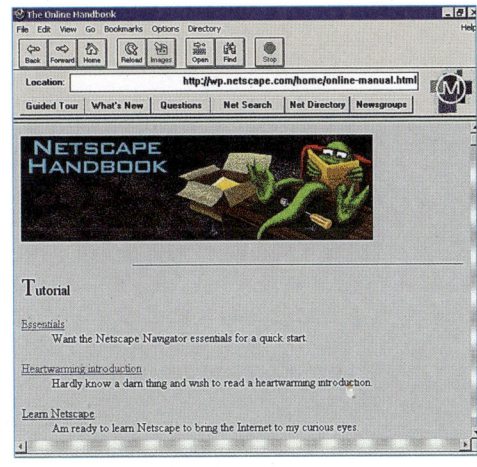

Adressierung: IP-Adresse und DNS

Das Internet ist also nichts weiter als eine Ansammlung vieler, dezentral positionierter Computer, die weltweit vernetzt sind und per TCP/IP kommunizieren. Damit man einzelne Computer findet, müssen diese adressiert werden. Daher besitzt jeder Computer eine eindeutige IP-Adresse – beispielsweise 201.112.65.12. Dies wird IPv4 genannt, da vier Blöcke mit Zahlen von 0 bis 255 verwendet werden, durch einen Punkt voneinander getrennt. Mittlerweile ersetzt der Standard IPv6 das in die Jahre gekommene IPv4. Hier werden sechs Blöcke verwendet. So stehen deutlich mehr Adressen zur Verfügung. Da sich diese Zahlenkolonnen aber niemand merken kann, gibt es darüber hinaus ein System, das sich DNS (Domain Name Service) nennt.

Als grundlegenden Unterschied zur IP-Adresse verwendet man hier statt festgelegter Zahlenfolgen (fast) frei wählbare Buchstaben – dies ist der sogenannte Domain-Name. So kann man sich die Adresse besser merken. Intern wird aber immer die IP-Adresse verwendet, daher gibt es einen DNS, der den Domain-Namen wieder in die IP-Adresse umwandelt, sobald man diesen über den Browser (oder anderswo) eingibt.

Der Computer, der das Webangebot der Stiftung Warentest beinhaltet, hat somit auch zwei verschiedene Adressen – geben Sie einmal beide in den Browser ein:

▶ **IP-Adresse:** *104.40.190.178*
▶ **Domain-Name:** *www.test.de*

Die Bestandteile des Domain-Namens sind durch Punkte getrennt und werden zunächst von hinten nach vorn ausgewertet:

▶ **.de:** Das ist die sogenannte Top Level Domain (TLD) und gibt entweder die Region an (in diesem Fall Deutschland) oder aber auch die grundsätzliche Einordnung (wie „com" für Unternehmen oder „edu" für Ausbildungsinstitute). Eine Tabelle mit einer Auswahl an TLDs finden Sie nachfolgend.

▶ **test:** Das ist nun das Angebot der Stiftung Warentest, die sich dafür den Namen „test" sichern konnte. Denn jeden Namen darf es in Kombination mit der Top Level Domain nur ein Mal geben. Wenn man sich diesen „gesichert" hat (siehe „Domain", S. 23 sowie S. 83), darf man diesen exklusiv verwenden.

▶ **www:** Der in diesem Fall letzte Bestandteil ist genau genommen gar nicht mehr notwendig und bezeichnet historisch den Rechner selbst, auf dem das Webangebot liegt.

Allein für die Top Level Domain „.com" gibt es zurzeit knapp 127 Millionen Registrierungen, bei „.de" sind immerhin noch 16 Millionen verschiedene Namen verbucht.

Server und Hosting

Jedes Internetangebot liegt also auf einem Computer, der über eine IP-Adresse oder einen Domain-Namen ansprechbar ist. Theoretisch könnte dieser Computer auch daheim auf dem Schreibtisch stehen.

Übersicht bekannter Top Level Domains

Top Level Domain	Verwendung
.de	Deutsche Webseiten bzw. Webseiten mit deutschsprachigem Angebot
.at	Österreichische Webseiten
.ch	Schweizer Webseiten
.com	Kommerzielle Unternehmen, die entweder meist international agieren oder aber in den USA aktiv sind
.net	Netzwerke
.info	Webseiten, die ein Informationsangebot haben
.name	Gedacht für natürliche Personen
.org	Für nicht kommerzielle Organisationen
.edu	Für Bildungseinrichtungen

Das hat aber einige Nachteile: Einerseits müsste der Computer ständig an sein, denn es könnten ja rund um die Uhr Besucher kommen. Und andererseits reicht die Geschwindigkeit oftmals nicht aus, um allen Besuchern die Webseite auszuliefern. Denn diese wollen schließlich zum Teil gleichzeitig die von Ihnen angebotenen Inhalte sehen oder in akzeptabler Geschwindigkeit herunterladen.

Daher werden stattdessen Computer verwendet, die genau diese Nachteile nicht haben. Sie werden „Server" oder auch „Webserver" genannt und von Firmen meist gegen Entgelt zur Verfügung gestellt.

Diese Firmen wiederum werden „Hoster" genannt, das Bereitstellen der Server wird als „Hosting" bezeichnet (siehe „Das richtige Hosting finden und einrichten", ab S. 80).

Webseite und untergeordnete Seiten

Eine Webseite ist ein System von zusammenhängenden, einander untergeordneten Seiten. Diese bestehen alle jeweils aus einem einzelnen HTML-Dokument, auf dem beispielsweise Texte, Überschriften, Tabellen, Listen und Bilder angezeigt werden können, aber auch Links – also Verweise – zu anderen Webseiten. Diese Verweise werden Hyperlink genannt.

Viele einzelne, hierarchisch (unter)geordnete Seiten bilden also gemeinsam die Webseite – bzw. den Internetauftritt, den Webauftritt oder auch die Onlinepräsenz. Mithilfe eines Web-Browsers können diese Inhalte dargestellt werden. Dabei müssen die Webseiten dafür nicht zwingend im Internet publiziert worden sein, um sie selbst anzusehen. Webseiten können während der Entwicklung beispielsweise lokal auf einem Speichermedium wie z. B. einer Festplatte gespeichert und von dort im Internetbrowser angesehen werden.

HTML, CSS und JavaScript

Jede Webseite besteht grundsätzlich aus HTML-Quellcode (Hypertext Markup Language), der durch die Nutzung eines Web-Browsers als Webseite dargestellt wird.

HTML strukturiert die Seite in Kopf (head), Körper (body) – und in viele weitere Bereiche. CSS (Cascading Style Sheets) sowie JavaScript ergänzen das Bild um Designelemente – beginnend bei Schriftart und -form über Linien um Kästen etc. (siehe „Das kleine Einmaleins des Markups (HTML & CSS)", S. 138).

Mit der Zeit wurden immer mehr Darstellungen über HTML und CSS möglich und heutige Webseiten sind oft auf Tausenden von Codezeilen aufgebaut. Schauen Sie einmal selbst: Klicken Sie mit der rechten Maustaste in Ihren Browser auf eine beliebige Internetseite und wählen Sie *Seitenquelltext anzeigen*, *Quellcode anzeigen* o. ä. Keine Sorge – Sie können dabei nichts kaputt machen.

Starten kann man aber ganz einfach. Folgender Quellcode stellt beispielsweise schon eine komplette Webseite dar:

```html
<!DOCTYPE html>
<html>

<head>
   <title>Meine erste Website</title>
</head>

<body>

<h1>Hallo Welt!</h1>
<p>Das ist meine erste Website!</p>

</body>

</html>
```

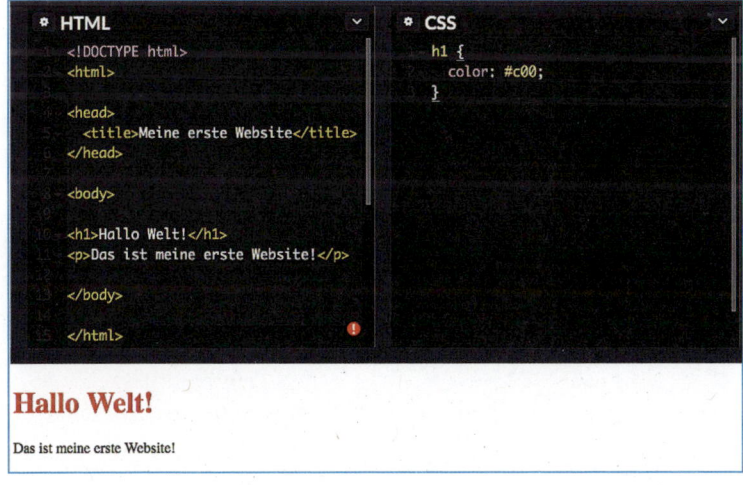

Dieser Code setzt eine Überschrift mit dem Inhalt „Hallo Welt!" und einen Absatz mit dem Inhalt „Das ist meine erste Website!" um. Über eine CSS-Anweisung wird zudem die Überschrift rot eingefärbt.

Im Bild (siehe S. 21) können Sie das Zusammenspiel auf einen Blick sehen. Der HTML-Quellcode befindet sich links, das CSS rechts. Unten finden Sie die Ausgabe als kleine, aber fertige Webseite.

FTP und FTP-Server

Um nun eine HTML-Webseite auf einen Server im Internet zu kopieren, gibt es verschiedene Methoden. Eine gebräuchliche ist das Protokoll FTP(File Transfer Protocol).

Hierfür gibt es zunächst auf dem Server ein Programm, das es ermöglicht, Dateien anzunehmen. Dieses Programm wird als FTP-Server bezeichnet.

Auf dem eigenen Rechner kann man ein FTP-Programm installieren, wodurch man die Daten vom eigenen Rechner auf den Server kopieren kann. Dadurch ist es möglich, erst lokal an einer Webseite zu arbeiten und diese anschließend im Internet zu publizieren.

Was wird benötigt für den eigenen Onlineauftritt?

Um einen eigenen Onlineauftritt zu erhalten, muss man sich um einige Dinge kümmern.

Idee und Strategie

Zuerst muss man eine Idee entwickeln, welchen Zweck der Onlineauftritt verfolgen soll:
- ▶ **Wollen Sie sich selbst** präsentieren?
- ▶ **Wollen Sie ein Produktangebot** promoten?
- ▶ **Wollen Sie eine Community** ins Leben rufen, in der sich Gleichgesinnte austauschen können?

- ▶ **Wollen Sie Werbung** für eine Dienstleistung machen?
- ▶ **Wollen Sie Produkte** verkaufen?
- ▶ **Wollen Sie Unterstützung** und Hilfe anbieten?

Sie sehen, es gibt zahlreiche verschiedene Ausprägungen für den Onlineauftritt, und es ist sehr wichtig, sich sicher zu sein, bevor man loslegt.

Texte

Am wichtigsten bei der Onlinepräsenz sind die Texte – also der Content (Inhalt). Daher ist es elementar, möglichst viel (zumindest ausreichend) über sich und sein Vorhaben zu schreiben. Planen Sie hierfür entsprechend Zeit ein und beginnen Sie schon einmal, die Texte zu erstellen. Es ist nämlich nahezu eine ungeschriebene Regel, dass am Ende immer der Text fehlt.

Bilder

Auch über die Bilder sollten Sie sich früh Gedanken machen. Neben einer guten Überschrift sind sie es, die den Leser in den Artikel hineinziehen. Haben Sie eigene Bilder in brauchbarer Qualität? Müssen Sie womöglich einen Fotografen beauftragen oder Bilder im Internet kaufen?

Hosting

Ihr Onlineauftritt muss irgendwo im Internet abgespeichert werden – dieser Ort wird als Hosting bezeichnet. In Kapitel 5 erfahren Sie alles, was Sie über das Hosting wissen müssen.

Domain

Ihre Onlinepräsenz benötigt einen eigenen Namen. Dieser Domainname ist dann exklusiv auf Sie gebucht. Er sollte aber trotzdem genügend Wiedererkennungswert haben, dass man Sie nicht verwechselt. Im künstlerisch-kreativen Bereich gehören Wortspiele und sprechende Namen fast zum guten Ton, in anderen Bereichen würde das unseriös wirken. Nehmen wir an, Sie heißen Peter Bauer und wollen Beratung anbieten – hier sind nur einige Möglichkeiten, wie Sie den Domain-Namen gestalten können:

- ▶ www.peter-bauer.de
- ▶ www.peterbauer.de
- ▶ www.peter-bauer-beratung.de
- ▶ www.bauer-beratung.berlin
- ▶ www.bauerconsulting.com

Entscheiden Sie sich immer für eine Möglichkeit – der spätere Besucher wäre nur verwirrt, wenn es mehrere Namen gäbe.

E-Mail-Adresse

Für nahezu alle Onlinedienste (z. B. Hosting oder die Registrierung von Domain-Namen) benötigt man eine E-Mail-Adresse. Daher sollten Sie sich zuerst eine solche anlegen, falls Sie noch keine haben.

Welche Arten des Onlineauftritts gibt es?

Es gibt zahlreiche Arten des Onlineauftritts – nicht immer muss es eine eigene Webseite sein. Ein kleiner Überblick:

Facebook

Facebook hat 1,8 Milliarden aktive Nutzer weltweit, von denen sich der größte Teil auch täglich mehrmals innerhalb von Facebook bewegt. Nur folgerichtig, dass man auch hier seine eigene Onlinepräsenz pflegen kann. Vorteilhaft ist natürlich, dass man sich um Infrastruktur, Hosting, Domain-Namen und Ähnliches nicht kümmern muss. Nachteilig hingegen ist, dass man schlechter gefunden wird und die Werbung für die eigene Präsenz richtig teuer werden kann. Zudem muss man sich an die zahlreichen Einschränkungen bei der Gestaltung halten, die Facebook seinen Nutzern auferlegt (siehe „Webseite bei Facebook", S. 37–41).

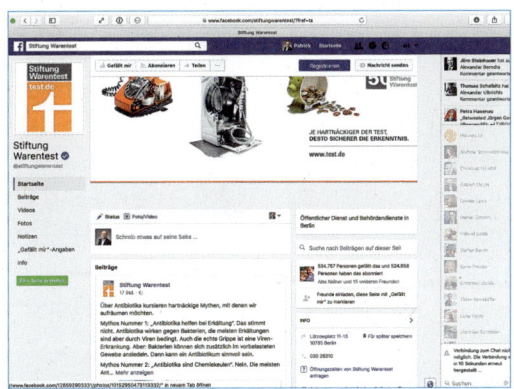

Web-Visitenkarte

Der Begriff „Web-Visitenkarte" hat sich eingebürgert für eine kleine, einfache Onlinepräsenz, die lediglich der Präsentation einer Person oder eines Unternehmens im Netz dient. Die Unterschiede zur „echten" oder „großen" Webpräsenz sind allerdings fließend.
Diese Art Mini-Webseiten bestehen meist aus nur einer oder einigen wenigen, klar strukturierten Seiten, die das Unternehmen – oder den Freiberufler/Selbstständigen – entsprechend darstellen.
Der Hintergrund ist folgender: Rufen Sie sich das Beispiel der gut laufenden kleinen Firma ins Gedächtnis zurück (siehe „Beispiel 2", S. 11). Eigentlich bräuchte diese keine Webseite – aber in gewisser Weise gehört es heutzutage eben einfach zum guten Ton, online präsent zu sein. Schlimmstenfalls unterstellt man Ihnen andernfalls, nicht transparent oder erst gar nicht existent zu sein.
Die Web-Visitenkarte ist also etwas für Leute, die (mit Recht) sehr wenig Zeit und Geld in ihren Onlineauf-

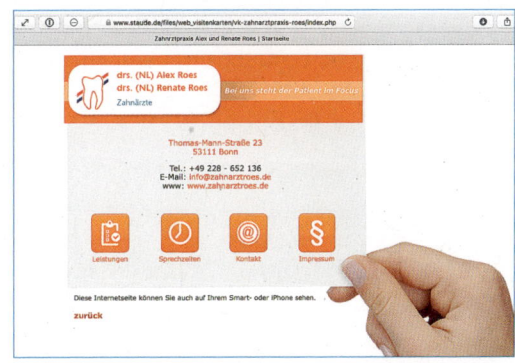

tritt stecken und trotzdem seriös wirken wollen. In Kapitel drei erfahren Sie, wie Sie eine Web-Visitenkarte sehr schnell selbst erstellen können (siehe „Die eigene Webseite in fünf Minuten", S. 44).

Landing-Page

Die Landing-Page ist eine Seite, auf die der Nutzer über einen externen Link gelangt und die darauf abzielt, einen konkreten Inhalt einfach aufzubereiten.

Der Begriff „Landing-Page" stammt aus dem Englischen und könnte frei mit „Lande-Seite" übersetzt werden. Folgt man dieser Übersetzung, lässt sich auch schon erahnen, worum es sich bei einer Landing-Page handelt und wozu sie dient – denn auf dieser Seite landen die User buchstäblich.

Die Landing-Page ist eine eigens eingerichtete Webseite, die am Ende einer Weiterleitung steht. Klickt ein User beispielsweise auf ein Werbemittel oder einen Eintrag in einer Suchmaschine, wird er automatisch auf die dazugehörige Landing-Page weitergeleitet. Die Seite ist dann dementsprechend auf den Werbeträger und dessen Zielgruppe optimiert.

Onlineshop

Sobald man über eine Webseite Produkte bzw. Dienstleistungen beschreiben und/oder verkaufen möchte, spricht man von einem Onlineshop.

Dahinter steht meist ein Shop-System, das die Pflege der Produkte ermöglicht, in dem man Zahlungs- und Lieferarten hinterlegen und die Bestellungen verwalten kann.

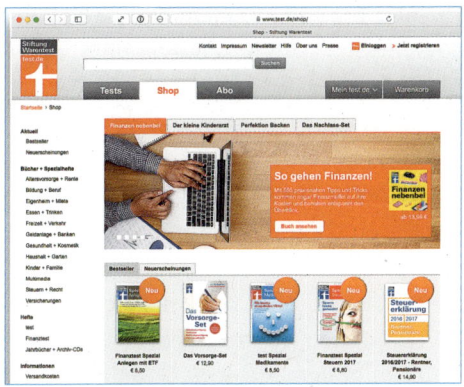 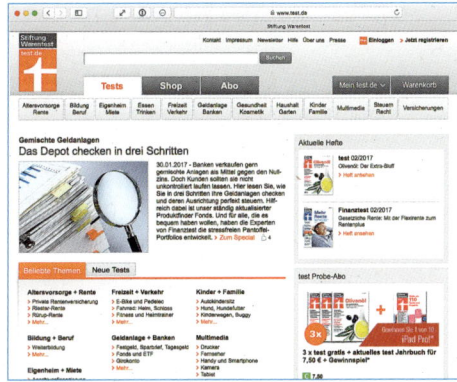

Homepage, Blog und Co.

Sowohl Homepages als auch Blogs und davon abgewandelte Formen sind Webseiten, die nicht den vorher genannten Kriterien folgen. Sie haben zumeist komplexere Strukturen von Haupt- und Unterseiten und versammeln viele Inhalte wie Texte und Medien sowie weitere Funktionen wie Kommentare, Nutzerverwaltung usw.

▶ **Der Begriff „Homepage"** hat zwei Bedeutungen. Ganz korrekt bezeichnet er nur die Hauptseite einer Webseite, also die Seite, die beim ersten Aufruf angezeigt wird. Umgangssprachlich bezeichnet „Homepage" aber auch die Gesamtheit einer Webseite – also die „Zuhause-Seite" von Ihnen (oder von einem Unternehmen).

▶ **Ein Blog** (von englisch „web", also Netz, und „log", für Logbuch) ist ein Onlinetagebuch, wobei die Themen sehr vielfältig sein können und Einträge nicht zwingend regelmäßig erscheinen müssen. Sie sind im Internet für eine Gruppe oder vollkommen öffentlich zugänglich. Betreiber ist meist eine Person (oder eine Personengruppe), die ihre persönliche, bewusst subjektive Meinung darstellt.

▶ **Daneben existieren** noch weitere Formen der Onlinepräsenz – etwa reine Bild- bzw. Fotocommunitys (Tumblr, Flickr, Instagram) sowie Karrierenetzwerke (Xing, LinkedIn). Diese fokussieren sich aber stark auf ihre Nische und bieten keine klassische Webpräsenz.

Mit welchen Kosten und Aufwendungen ist zu rechnen?

Tatsächlich ist dies ein sogenannter Running Gag in der Branche derer, die professionell Webseiten für Kunden produzieren: „Was kostet eine Webseite?"
In etwa vergleichbar wäre das mit den Fragen „Was kostet ein Urlaub?" oder „Was kostet ein Auto?" Die Antwort: „Kommt ganz darauf an."
Es ist sicherlich möglich, mit minimalem Aufwand und Kosten von beispielsweise 5 Euro im Monat und in Summe acht Arbeitsstunden eine Webseite ins Leben zu rufen. Auf der anderen Seite gibt es Webprojekte, die eine Laufzeit von 18 Monaten haben und mehr als 500 000 Euro kosten.
Aber woraus bestehen die Kosten im Einzelnen?

Hosting

Den Platz im Internet bekommen Sie schon für etwa 4 Euro im Monat – dann aber ohne Homepage-Baukasten oder ähnliche Systeme, die Ihnen die Arbeit erleichtern.
Ungefähr 10 Euro im Monat kostet ein halbwegs professionelles Hosting – dazu kommen je nach Anbieter noch rund 10 Euro Einrichtungsgebühr.

Domain-Name

Meist ist bereits ein Domain-Name inbegriffen, wenn man ein Hosting-Paket bucht. Möchte man diesen aber separat zahlen (bzw. mehrere Domain-Namen haben), hat man ungefähr die folgenden Preise zu erwarten:

- **.de-Domain:** 1 Euro pro Monat bzw. 12 Euro pro Jahr
- **.com-Domain:** 2 Euro pro Monat bzw. 24 Euro pro Jahr
- **.eu-Domain:** 3 Euro pro Monat bzw. 36 Euro pro Jahr

- **.at-Domain:** 4 Euro pro Monat bzw. 48 Euro pro Jahr
- **.ch-Domain:** 8 Euro pro Monat bzw. 96 Euro pro Jahr

Bilder

Am billigsten wäre es natürlich, wenn man eigene Bilder macht. Kann man dies nicht, so muss man entweder einen Fotografen beauftragen oder aber Bilder im Internet (sogenannte Stockphotos) kaufen.

- **Fotograf**

Kosten: pro Tag ab 700 – 1500 Euro. Honorar für Vor- und Nachbereitung, Recherche und Vorortprüfung bei einem unkomplizierten, kurzen Shooting: pauschal 50 Prozent des Tagessatzes

- **Bildverzeichnisse**

Kosten: www.fotolia.com (ab 5 Euro pro Bild)
www.gettyimages.com (ab 8 Euro pro Bild)
www.istockphoto.com (ab 8 Euro pro Bild)

Webseite erstellen

Auch beim Erstellen der Onlinepräsenz gibt es zwei Möglichkeiten: Entweder Sie übernehmen dies selbst oder aber Sie beauftragen einen Spezialisten.

- **Selbst erstellen**

Kosten: nur eigene Arbeitszeit
Zeit: ca. 1 Woche bei 2 – 3 Stunden täglich, bis die erste Webpräsenz steht

- **Freelancer**

Kosten: ca. 30 – 50 Euro pro Stunde
Zeit: ca. 2 Wochen für die Fertigstellung einer einfachen Webseite (Aufwand ca. 40 Stunden)

- **Agentur**

Kosten: ca. 70 – 100 Euro pro Stunde
Zeit: ca. 6 Wochen für die Fertigstellung einer einfachen Webseite (Aufwand ca. 30 Stunden)

Die eigene Webseite bei Facebook

Facebook ist das größte soziale Netzwerk weltweit. Knapp 2 Milliarden User sind hier regelmäßig aktiv – das sind knapp 25 Prozent aller Menschen auf der Welt. Grund genug, hier mit dem eigenen Onlineauftritt zu beginnen.

Eine Seite bei Facebook erstellen

Um eine Seite bei Facebook zu erstellen, muss man sich zunächst bei Facebook anmelden. Dies ist in jedem Fall kostenlos möglich. Wenn Sie bereits einen Account bei Facebook haben, können Sie sich direkt einloggen und anschließend die folgenden Absätze überspringen.

> **Tipp**
>
> **Andere soziale Netzwerke:** Auch andere soziale Plattformen wie Twitter, Xing, LinkedIn und Co. haben definitiv ihre Bedeutung. Je nachdem, welche Zielgruppe Sie erreichen wollen, kann es entscheidend sein, wo Sie weitere Instanzen Ihres Webauftritts positionieren. Twitter wird in Deutschland viel von Journalisten und Medienschaffenden genutzt. Xing und LinkedIn sind Businessnetzwerke, wobei in ersterem nur Personen, in letzterem auch Unternehmen Profile erstellen können.
> Facebook ist jedoch nach wie vor das größte soziale Netzwerk, weshalb der Ratgeber hierauf seinen Fokus legt. Nicht alle sozialen Netzwerke haben Erfolg. StudiVZ und Google+ kamen nicht gegen Facebook an. In Russland etwa gibt es kein Facebook, sondern die Eigenlösung vk.com.

Registrierung bei Facebook

1 Wenn Sie Facebook unter der folgenden URL im Browser aufrufen, werden Sie von der Registrierungsseite begrüßt:
http://www.facebook.com

2 Geben Sie nun folgende Daten in die Formularfelder ein:

▶ **Vorname**
▶ **Nachname**
▶ **Handynummer** oder E-Mail
▶ **Erneut die Handynummer** oder E-Mail-Adresse
▶ **Ein Passwort,** das möglichst schwer zu erraten ist (mindestens acht Zeichen, Groß- und Kleinbuchstaben sowie Ziffern und Sonderzeichen gemischt)
▶ **Ihr Geburtsdatum**
▶ **Geschlechtsspezifische Angabe** (weiblich/männlich)

Anschließend klicken Sie auf *Registrieren*.

Konto bei Facebook weiter einrichten

1 Im nun folgenden *Schritt 1* werden Ihnen Personen vorgeschlagen, die Sie eventuell kennen könnten. Dies mag auf den ersten Blick befremdlich sein, denn einige Vorschläge werden mit Sicherheit auf Sie zutreffen. Lassen Sie sich davon aber nicht irritieren. Facebook vergleicht lediglich Ihre Daten mit denen der Personen, die bereits im Netzwerk aktiv sind, und versucht darüber zu erraten, wer mit Ihnen gegebenenfalls bereits im echten Leben befreundet ist.

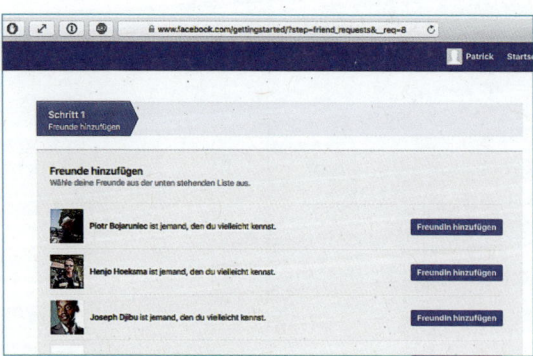

2 Wenn Sie Freunde hinzufügen wollen, können Sie dies durch einen Klick auf *FreundIn hinzufügen* erledigen. Wenn Sie damit fertig sind oder keine Personen hinzufügen wollen, klicken Sie unten rechts auf *Weiter*. Nun werden Sie bereits von Facebook begrüßt.

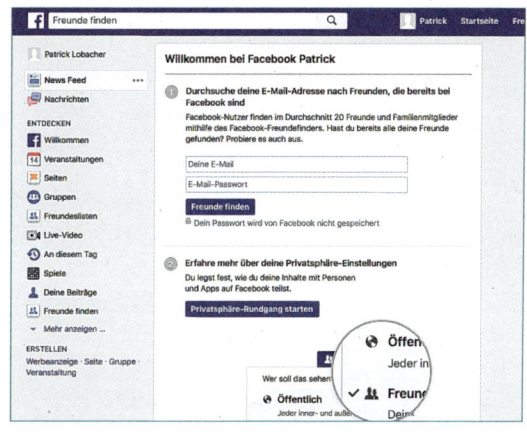

3 Kontrollieren Sie aber zunächst Ihren E-Mail-Ordner. Sie sollten eine Mail bekommen haben, in der Sie aufgefordert werden, Ihr Facebook-Konto zu bestätigen. Klicken Sie hierzu in der Mail auf die Schaltfläche *Bestätige dein Konto*.

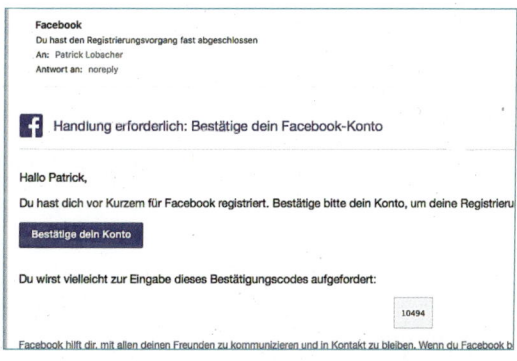

4 Sollten Sie bei der Registrierung anstelle der E-Mail-Adresse Ihre Handynummer angegeben haben, so wird Ihnen dorthin eine Nachricht geschickt. Anschließend ist Ihr Facebook-Konto aktiv und nutzbar. Somit kann mit der Erstellung der Onlinepräsenz fortgefahren werden.

Im linken Bereich finden Sie die Navigation. Durch Klick auf Ihren Namen können Sie zunächst ein Bild für Sie als Benutzer festlegen. Dazu können Sie entweder ein Foto hochladen oder ein Foto aufnehmen (wenn Ihr Endgerät eine Kamera besitzt). Sobald Sie ein Bild festgelegt haben, kommen Sie

beim Klick auf Ihren Namen immer in Ihre Timeline – also die Zeitleiste, die abwärts chronologisch all Ihre Aktivitäten auflistet.

Firmenbeispiel

Als durchgängiges Beispiel wird im Folgenden eine Seite für die fiktive Unternehmensberatung „Lobacher Beratung" angelegt. Diese soll Beratungsleistungen für Firmen zur Verfügung stellen.

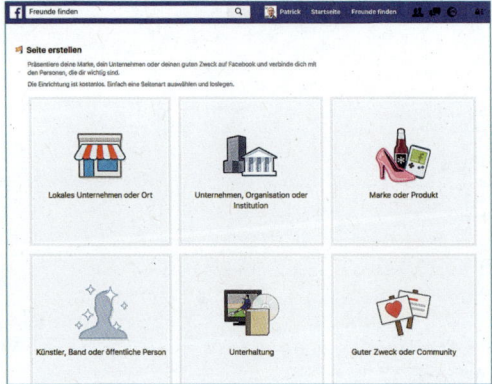

Anlegen der Facebook-Seite

Jetzt ist es an der Zeit, die Seite bei Facebook anzulegen. Dafür muss die folgende URL aufgerufen werden: www.facebook.com/pages/create/
Wählen Sie die Kategorie aus, die am besten zu Ihrem Vorhaben passt. Die Kategorien sind wie folgt definiert:

▶ **Lokales Unternehmen oder Ort:** Wenn Sie eine Seite für ein Ladengeschäft oder für einen bestimmten Ort (z. B. einen Flohmarkt) anlegen wollen, ist diese Wahl die richtige.

▶ **Unternehmen, Organisation oder Institution:** Das ist die am meisten genutzte Option.

▶ **Marke oder Produkt:** Für klassische Werbung

▶ **Künstler, Band oder öffentliche Person:** Selbsterklärend

▶ **Unterhaltung:** Hierunter fallen TV-Shows und Unterhaltungsmedien.

▶ **Guter Zweck oder Community:** Für alle nicht kommerziellen Vorhaben oder Vereine ist diese Kategorie zu wählen.

1 Beim Klick auf die gewünschte Kategorie erscheint ein kleines Formular, das ausgefüllt werden muss. Dieses Formular erfordert je nach Kategorie spezifische Angaben. Wenn Sie beispielsweise auf

Unternehmen, Organisation oder Institution klicken, erscheint folgendes Formular:

2 Hier müssen weitere Daten eingegeben werden – beispielsweise die Unterkategorie (im Beispiel wird *Beratungsagentur* gewählt) und der Name (Lobacher Beratung). Anschließend klicken Sie auf *Los geht's*.

3 Nun können die Basisdaten für die Seite festgelegt werden:

▶ **Zunächst eine** ausführliche Erläuterung, worum es auf der Seite geht.
▶ **Dann kann eine URL** gegeben werden (im Beispiel steht bislang noch keine fest, weshalb Sie dieses Feld zunächst leer lassen).
▶ **Abschließend** können Sie einen aussagekräftigen Namen angeben, der zusammen mit der URL http://www.facebook.com/ verwendet werden kann, damit man sich die Seite besser merken kann.

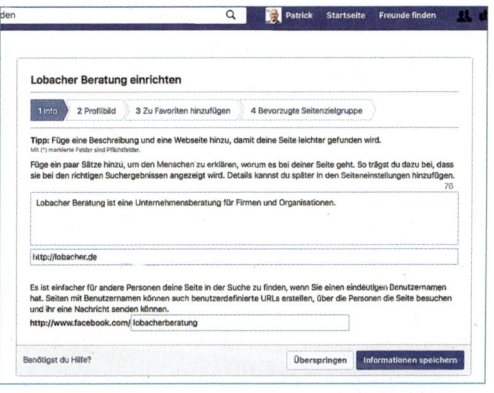

Einrichtung abschließen

1 Mit einem Klick auf *Informationen speichern* geht's weiter.

2 Im zweiten Schritt wird nun ein Profilbild festgelegt. Dazu klicken Sie auf *Von deinem Computer hochladen* und wählen ein Bild aus, das unser Vorhaben gut repräsentiert. Wich-

tig ist, dass man hier ein quadratisches Bild auswählt – am besten mit einer Auflösung von mindestens 180 x 180 Pixeln.

3 Per Klick auf *Weiter* kommen Sie zum nächsten Schritt. Hier geht es darum, ob die erstellte Seite im eigenen Profil bei den Favo-

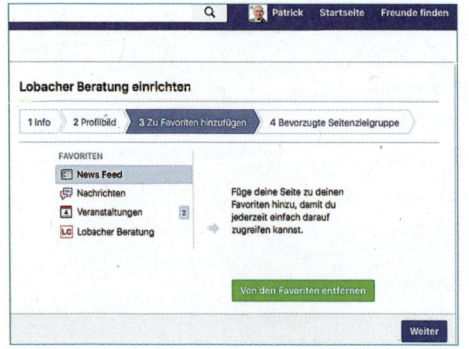

riten (in der linken Seitenleiste) auftauchen soll. Wählen Sie *Zu Favoriten hinzufügen* und klicken anschließend auf *Weiter*.

4 Im letzten Schritt schließlich können Sie festlegen, wie Ihre bevorzugte Seitenzielgruppe aussehen soll, und folgende Einstellungen treffen:

▶ **Standorte:** Wählen Sie entweder *Jeder an diesem Ort* oder eine der anderen Einstellungen. Sie können zudem weitere Orte entweder ein- oder ausschließen.

▶ **Alter:** Wie alt sollen die Besucher Ihrer Seite am besten sein?

▶ **Geschlecht:** Entweder *Alle*, wenn es Ihnen egal ist, oder jeweils *Männer* bzw. *Frauen*.

▶ **Interessen:** Hier können Sie mehrere Interessen angeben, die Ihr Klientel haben sollte, wenn es nach Ihnen geht.

▶ **Sprachen:** Einstellungen zu den von Ihnen bevorzugten Sprachen.

Über den Klick auf *Speichern* legen Sie die Seite auf Facebook an.

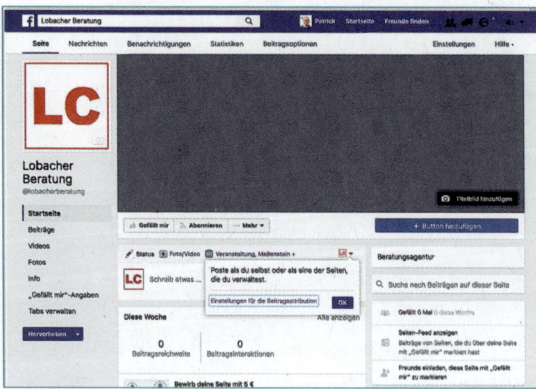

Die Seite gestalten

Die Seite ist nun zwar verfügbar und auch benutzbar – allerdings sollen noch einige Gestaltungselemente wie z. B. ein Titelbild oder weiterführende Informationen festgelegt werden.

Titelbild wählen

Als Erstes benötigen Sie ein passendes Titelbild. Klicken Sie dazu auf den schwarzen Button im grauen Bereich rechts unten und wählen aus dem erscheinenden Menü *Foto hochladen*. Das Bild sollte mindestens die Maße 828 x 315 Pixel haben. Vergessen Sie nicht, auf *Speichern* zu klicken.

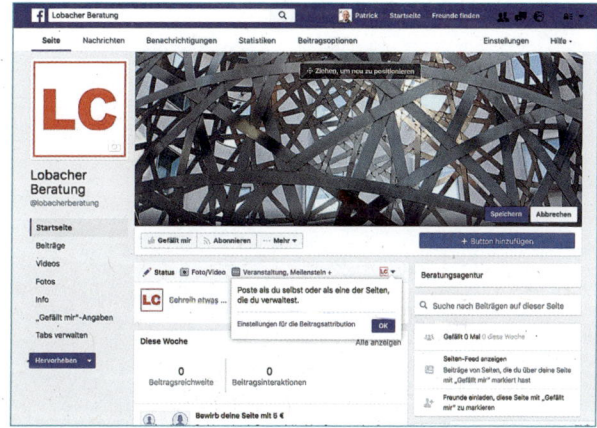

Informationen

Die Informationen können per Klick auf *Info* aktualisiert werden. Verändern können Sie diese mit einem Klick auf *Seiteninfo bearbeiten*.
Nun erscheint ein Pop-up-Fenster, das die folgenden Informationen aufnehmen kann:
- **Name:** Name der Webseite
- **Kategorie:** Hier wird die Hauptkategorie angegeben.
- **Unterkategorie:** Eine Seite kann bis zu drei Unterkategorien haben.
- **Beschreibung:** Eine kurze Beschreibung der Seite
- **Impressum:** Dort sollten Sie später alle notwendigen Daten für das Impressum angeben (siehe „Impressumspflicht", S. 41).

▶ **Telefonnummer:** Wenn Sie eine Telefonnummer haben, die potenzielle Kunden anrufen können, wird sie in dieses Feld eingegeben.

▶ **Webseite:** Haben Sie eine separate Webseite? Dann können Sie hier die URL angeben.

▶ **E-Mail-Adresse:** Wenn Sie eine E-Mail-Adresse besitzen, unter der potenzielle Kunden Sie erreichen können, so kann diese hier angegeben werden.

▶ **Adresse:** Hier geben Sie eine Adresse ein, unter der Sie erreichbar sind.

▶ **Öffnungszeiten:** Wenn Sie spezielle Öffnungszeiten haben, so können Sie diese hier festlegen.

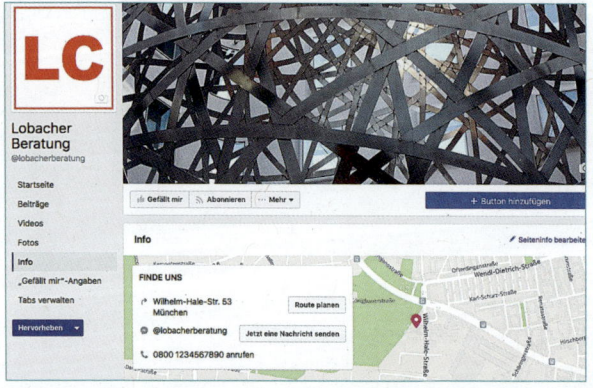

Vergessen Sie nicht, nach jeder Änderung den Button *Änderungen speichern* zu klicken. Sobald alle Daten eingetragen sind, schließen Sie das Pop-up-Fenster wieder durch Klick auf das *X* rechts oben. Wenn Sie nun links auf *Info* klicken, sehen Sie die eingegebenen Informationen.

Zeitfenster bei der Gestaltung bedenken

Sobald Sie mit der Ersteinrichtung Ihrer Facebook-Seite fertig sind, werden Sie auch bereits über Google gefunden. Warten Sie also nicht zu lange mit der grundlegenden Vervollständigung Ihrer Facebook-Präsenz. Auch wenn die Chance noch gering ist, sollten eventuelle Besucher im Idealfall nicht auf Ihren Rohbau stoßen, sondern auf die minimalste Version eines fertigen Auftritts.

Einstellungen bei Facebook

Oben rechts direkt unterhalb der blauen Leiste und links neben der Schaltfläche *Hilfe* befinden sich die *Einstellungen* für die Seite. Folgende Einstellungen könnten für Sie sinnvoll sein:

▶ **Allgemein** > *Favoriten:* Einstellung, ob die Seite in den eigenen Favoriten auftauchen soll

▶ **Seite bearbeiten** > *Vorlagen:* Hier ist als Vorlage *Business* eingestellt. Dies betrifft die Tabs links oben auf der Seite direkt unter dem Titelbild (Anzahl und Bezeichnung) sowie die Buttons. Sie können hier *Professionelle Dienstleistungen*, *Shopping*, *Standard*, *Einrichtungen*, *Politiker* oder *Restaurants und Cafés* wählen.

▶ **Seite bearbeiten** > *Tabs:* Wenn Sie Tabs hinzufügen oder entfernen wollen bzw. einen Tab umbenennen, dann kann dies hier erledigt werden.

▶ **Beitragsattribution:** Sobald man sich als Benutzer bei Facebook einloggt, wird dieser Benutzer für alle Interaktionen verwendet – z. B. beim Schreiben von Kommentaren oder wenn man einen Beitrag gut findet („liken"). Innerhalb der eigenen Seite allerdings wird als „Benutzer" die Seite verwendet. Will man auch hier den eigenen Benutzer verwenden, so kann man dies hier einstellen.

▶ **Benachrichtigungen:** Wenn man als Seite eine neuen Besuch, eine Erwähnung oder eine „Gefällt mir"-Angabe bekommt, wird automatisch von Facebook eine Benachrichtigung (z. B. E-Mail oder

SMS) versendet. Auf dieser Seite kann individuell eingestellt werden, für welche Aktivität überhaupt eine Benachrichtigung versendet wird und über welchen Kanal.

▶ **Rollen für die Seite:** Ihr Benutzer ist als Administrator für die Seite eingetragen. Mit dieser Rolle dürfen alle Aspekte der Seite verwaltet, Nachrichten als Seite gesendet und Beiträge als Seite veröffentlicht werden. Wollen Sie einen zusätzlichen Redakteur einrichten, der etwa Beiträge schreiben darf, so können Sie dies hier erledigen.

▶ **Aktivitätenprotokoll:** Hier sehen Sie eine Historie sämtlicher Aktivitäten, die Sie auf der Seite durchgeführt haben.

Veranstaltungen erstellen

1 Wenn Sie Events für Ihr Vorhaben planen wollen, können Sie dies über den Reiter *Veranstaltungen* auf der linken Seite verwalten. Klicken Sie zunächst hierauf.

2 Nun erscheint die Liste der nächsten Veranstaltungen, wenn bereits welche eingetragen sind. Sie haben noch keine, daher ist die Liste leer. Rechts oben gibt es nun den Button *+ Erstellen*, klicken Sie diesen an.

3 Beim nun erscheinenden Pop-up findet sich die Einstellung *Private Veranstaltung erstellen*. Hierfür müssen Sie die möglichen Gäste selbst und dezidiert einladen. Wenn Sie aber stattdessen eine öffentliche Veranstaltung erstellen wollen, bei der jeder teilnehmen können soll, der von der Veranstaltung erfährt, so müssen Sie hier die Einstellung auf *Öffentliche Veranstaltung erstellen* ändern. Führen Sie dies nun für die anzulegende Veranstaltung durch:

▶ **Gastgeber:** Wer soll als Gastgeber der Veranstaltung angezeigt werden? Voreingestellt ist die Facebook-Seite. Man kann hier aber auch den Benutzer wählen.

▶ **Veranstaltungsfoto:** Hier kann entweder ein Foto hochgeladen oder eines der vorgefertigten verwendet werden.

- ▶ **Name der Veranstaltung:** Ein kurzer aber eindeutiger Name
- ▶ **Ort:** Hier wird der Veranstaltungsort bzw. dessen Adresse eingegeben.
- ▶ **Beginn/Ende:** Wann beginnt und endet die Veranstaltung?
- ▶ **Beschreibung:** Eine ausführliche Beschreibung der Veranstaltung
- ▶ **Keywords:** Hier können mehrere Schlüsselworte angegeben werden, unter der die Veranstaltung später sowohl gefunden wie auch einsortiert wird.
- ▶ **Freier Eintritt:** Wenn der Eintritt kostenfrei sein sollte, kann dies hier eingestellt werden.
- ▶ **Kinder- und familienfreundlich:** Es kann die entsprechende Einstellung getätigt werden, die später bei der Suche berücksichtigt wird.
- ▶ **Eintrittskarten-URL:** Wenn Eintrittskarten im Internet für diese Veranstaltung verkauft werden, kann die URL dafür hier hinterlegt werden.
- ▶ **Weitere Gastgeber:** Sollte es weitere Gastgeber geben (beispielsweise andere Seiten oder Benutzer), so werden diese hier eingestellt.

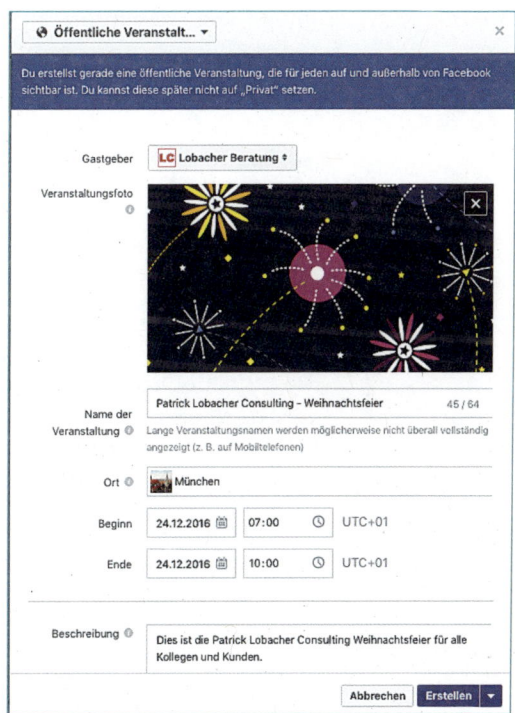

Über einen Klick auf *Erstellen* wird die Veranstaltung schließlich aktiviert.

Impressumspflicht

Die Frage ist natürlich: Benötigt Ihre Facebook-Seite überhaupt ein Impressum? Die Antwort auf diese Frage findet sich im Telemediengesetz (TMG). Dabei steht Telemedien als rechtlicher Begriff für bestimmte elektronische Kommunikations- und Informationsdienste – dies kann auch eine Facebook-Seite sein.

Die Impressumspflicht (siehe auch Kapitel 9 „Recht im Netz", Seiten 164–166) gilt nach § 5 Abs. 1 TMG für „geschäftsmäßige Telemedien". Unter diesen Begriff fällt jede – damit also auch Ihre – Facebook-Seite, sofern diese geschäftlich genutzt wird.

Eine Facebook-Seite ist letztlich wie eine eigene Webseite zu behandeln und benötigt daher – wie jede geschäftsmäßig betriebene Onlinepräsenz – ein Impressum.

Das Impressum muss grundsätzlich die folgenden Pflichtangaben enthalten:

- ▶ **Name / Firma** und Anschrift (es darf kein Postfach sein)
- ▶ **Vertretungsberechtigte:** Dies können nur natürliche Personen sein.
- ▶ **E-Mail-Adresse**
- ▶ **Zuständige Aufsichtsbehörde,** soweit eine behördliche Zulassung erforderlich ist
- ▶ **Eintragung im Handels-, Vereins- oder Genossenschaftsregister** unter der Angabe des Registers und der Registernummer
- ▶ **Bei „geschützten Berufen"** (z. B. Ärzte, Rechtsanwälte, Architekten): die berufsständische Kammer, die gesetzliche Berufsbezeichnung und besondere berufsrechtliche Regelungen mit dem Zugang hierzu
- ▶ **Falls vorhanden:** Umsatzsteuer-Identifikationsnummer (oder Wirtschafts-Identifikationsnummer)
- ▶ **Die Angabe einer Telefonnummer** ist allerdings nicht (mehr) zwingend erforderlich, wenn über ein elektronisches Kontaktformular innerhalb angemessener Zeit nach Kontaktaufnahme geantwortet wird und ggf. in besonderen Situationen dem Nutzer auf Verlangen ein anderer, nicht elektronischer Kontaktweg zur Verfügung gestellt wird.

Impressum bei Facebook anlegen

Ein Impressum bei Facebook ist schnell eingerichtet – die Formulierung müssen Sie aber selbst eintragen:

1. Gehen Sie auf das Profil Ihrer Seite.
2. Klicken Sie links auf *Info*.
3. Nun klicken Sie rechts unterhalb des Titelbildes auf *Seiteninfo bearbeiten*.
4. Tragen Sie dann unter *Impressum* Ihre Daten ein.
5. Anschließend wird der Link *Impressum* in der Unternehmensinfo angezeigt.

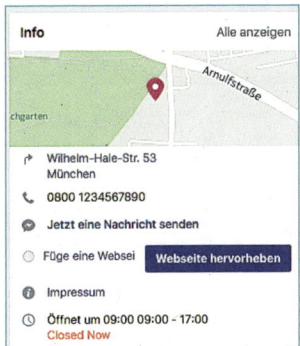

> **Tipp**
>
> **Privat und geschäftlich bei Facebook:** Sollten Sie bei Facebook auch ein privates Profil haben und mit Ihrem Klarnamen angemeldet sein, kann es vorkommen, dass Kunden hierüber die Probe aufs Exempel machen. Das spricht nicht generell gegen eine private Seite – im Gegenteil, es kann sogar von Vorteil sein. Wer etwa einen Fotografen für seine anstehende Hochzeit bucht, möchte oft schon vor dem ersten Kontakt wissen, ob dieser ähnliche Interessen und Wertvorstellungen hat. Schließlich wird der Fotograf an diesem wichtigen Tag sehr eng mit dem Brautpaar zusammenarbeiten.
> Seien Sie sich also dessen bewusst – und nutzen Sie gegebenenfalls auf Ihrer privaten Seite die verschiedenen Öffentlichkeits- und Gruppeneinstellungen bei Facebook, um Persönliches nur im engsten Kreis und Repräsentatives öffentlich zu posten.

Die eigene Webseite in fünf Minuten

In diesem Kapitel erfahren Sie, wie Sie Ihre erste eigene Webseite in buchstäblich fünf Minuten erstellen. Dafür verwenden Sie einen sogenannten Webseiten-Generator.

Die Web-Visitenkarte

Zumindest für den Anfang reicht es meist völlig aus, eine sogenannte Web-Visitenkarte zu erstellen. „Web-Visitenkarte" ist heute ein stehender Begriff für eine kleine und meist einfache Internetpräsenz, die lediglich der Präsentation des Unternehmens oder allgemein des Vorhabens im Internet dient, um damit die Basisinformationen und Kontaktdaten für den potenziellen Interessenten zu hinterlegen.

Web-Visitenkarten verzichten weitestgehend auf komplexere Funktionen und Inhalte wie komplexe, verschachtelte Strukturen, Prozessabbildungen (wie Jobbörse, Schwarzes Brett...), Anbindung an Fremdsysteme (wie ein CRM) oder Ähnliches.

Hier wird zumindest eine einfache, kleine Webpräsenz erwartet, die alle für den ersten Kontakt wichtigen Daten wie Angebot, Leistungen, Kontaktdaten u.ä. beinhaltet – eben eine Visitenkarte im Web. Fehlt zumindest diese minimale Information, wird der Anbieter entweder überhaupt nicht gefunden oder aber der Anbieter wird als nicht seriös empfunden und damit sein Angebot nicht genutzt.

Welche Daten sollte eine Web-Visitenkarte enthalten?

Die E-Mail-Adresse gehört neben der Angebotsbeschreibung zu den wichtigsten Angaben, wenn Sie eine Web-Visitenkarte erstellen.

Pflichtangabe ist unter anderem das Impressum, das entweder direkt auf der Startseite (der ersten sichtbaren Seite) oder auf einer Unterseite angegeben werden muss.

Folgende Angaben muss das Impressum Ihrer Web-Visitenkarte enthalten:
- **Vollständigen Vor-** und Nachname
- **Vollständige Postanschrift** (kein Postfach)
- **Bei juristischen Personen** die Rechtsform und die Vertretungsberechtigten
- **E-Mail-Adresse** und eine weitere Angabe zur unmittelbaren Kontaktaufnahme (Telefonnummer oder Kontaktformular mit direkter Kommunikationsmöglichkeit)
- **Je nach Art der Dienstleistung** zuständige Aufsichtsbehörde
- **Register,** in dem das Unternehmen eingetragen ist, sowie Registernummer
- **Weitere Angaben** für besondere Berufe (z. B. Ärzte, Architekten, Rechtsanwälte)
- **Umsatzsteuer- oder** Wirtschafts-Identifikationsnummer

Was Sie zusätzlich noch auf Ihrer Web-Visitenkarte angeben, bleibt komplett Ihnen überlassen. Am besten stellen Sie aber kurz Ihre Person und/oder Ihr Unternehmen bzw. Ihre Dienstleistung oder Ihr Vorhaben vor. Dazu können Sie Text, Bilder und/oder Videos verwenden.

Links ein Beispiel einer Web-Visitenkarte für eine podologische Praxis in München:

Gut zu sehen sind die verwendeten Elemente:

- **Telefonnummer** für den direkten Kontakt
- **Eine kurze Beschreibung** der Leistungen und des Angebots
- **Öffnungszeiten**
- **Impressum**
- **Allgemeine Kontaktdaten**

Meist wird auch nicht unbedingt mehr benötigt – aber das hängt natürlich stark von Ihren Bedürfnissen ab.

Die Anbieter im Überblick

Es gibt im Internet zahlreiche Anbieter für Web-Visitenkarten, von denen hier die größten vorgestellt werden. Oft wird der Service schon als „Homepage-" oder „Website-Baukasten" bezeichnet.

MyWebsite von 1&1

Der wohl bekannteste Homepage-Baukasten im deutschsprachigen Internet ist vermutlich MyWebsite der Firma 1&1. Sie erreichen diesen unter der folgenden URL:

https://hosting.1und1.de/homepage-erstellen.

Mit dem MyWebsite-Service verfügt der Kunde über die notwendigen Serverleistungen, kann die gewünschte .de-Domain reservieren und hat zudem die Möglichkeit, passende E-Mail-Adressen einzurichten. 1&1 übernimmt die Wartung der Server und garantiert zudem, dass die Seite zuverlässig erreichbar ist. Weiterhin gibt es vorgefertigte Designs, um den Inhalt der Homepage mit professioneller Software zu erstellen.

Zusätzlich zum nutzerfreundlichen Homepage-Baukasten mit Webspace und Domain bekommt man dort 50 Gigabyte (GB) Webspace (Speicherplatz im Internet) für alle Daten.

Der Homepage-Baukasten von 1&1 ist in vier unterschiedlichen Produktausprägungen zu erwerben. Die Tarife finden Sie nachfolgend in der Tabelle (siehe „1&1 Tarif-Übersicht").

Dabei gibt es keine kostenlose Variante. Allerdings können Sie den Homepage-Baukasten bei 1&1 für 30 Tage mit einer Geld-zurück-Garantie ohne finanzielles Risiko testen. Im Vergleich liegen die

1&1 Tarif-Übersicht

Bezeichnung	Personal	Basic	Plus	Pro
Positionierung	Für private Webseiten.	Für Freiberufler und Firmen-Webseiten.	Für Firmen-Webseiten mit Anforderungen fürs Onlinemarketing.	Für Firmen-Webseiten und Onlineshops.
Preis für die ersten 12 Monate pro Monat	2,99 Euro	0,99 Euro	9,99 Euro	14,99 Euro
Preis ab dem 13. Monat pro Monat	6,99 Euro	9,99 Euro	19,99 Euro	29,99 Euro
Vorlagen	200	über 10 000	über 10 000	über 10 000
Branchenfunktionen mit 20 Mio. Bildern	–	Ja	Ja	Ja
Funktionen fürs Onlinemarketing	–	–	Ja	Ja
Onlineshop	–	–	–	Ja

Preise für den Homepage-Baukasten von 1&1 über dem Durchschnitt.

Der Anmeldeprozess beruht bei 1&1 auf der Angabe von etlichen persönlichen Daten und gestaltet sich demnach etwas länger als bei Mitbewerbern. Neben den gewöhnlichen Stammdaten muss ein Tarif ausgewählt und die Kontodaten müssen hinterlegt werden.

Während des Anmeldeprozesses kann die eigene Wunschdomain auf Verfügbarkeit geprüft und zur Bestellung hinzugefügt werden. Anschließend kann mit dem Erstellen der Homepage begonnen und eine Layoutvorlage bzw. ein eigenes Logo und Layout hochgeladen werden.

Jimdo

Die Jimdo GmbH bietet WYSIWYG-Webseite-Baukästen an. Das steht für „What you see is what you get" („Was du siehst, ist was du bekommst") und bedeutet, dass man immer direkt das fertige Produkt vor Augen hat – und sich nicht mit Programmcodes im Hintergrund plagen muss.

Heute betreibt die Jimdo GmbH ca. 15 Millionen Webseiten.

Den Homepage-Baukasten von Jimdo erreichen Sie unter der URL: https://de.jimdo.com.

Die Preisstruktur ist hier sehr attraktiv und bietet beispielsweise auch einen kostenlosen Tarif, mit dem man erste Gehversuche durchführen kann.

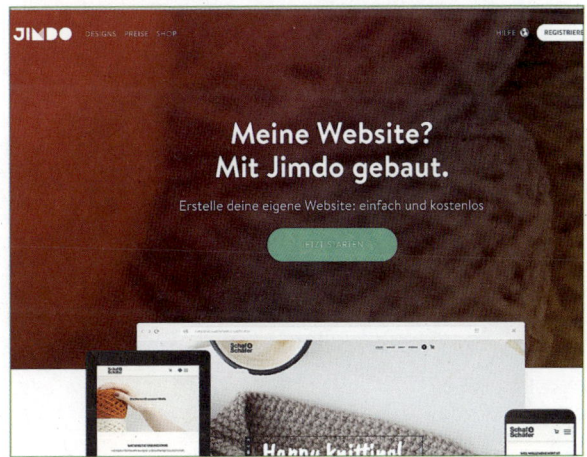

Jimdo Tarif-Übersicht

Bezeichnung	Jimdo Free	Jimdo Pro	Jimdo Business
Positionierung	Für jeden, der eine Webseite braucht.	Für Kreative, Blogger und Selbstständige.	Für Unternehmen und Besitzer eines Onlineshops.
Preis pro Monat bei jährlicher Abrechnung	0 Euro	5 Euro	15 Euro
Speicherplatz	500 MB	5 GB	unbegrenzt
Bandbreite	2 GB	10 GB	unbegrenzt
Domain	nur .jimdo.com-Subdomain	inkl. vollwertiger internationaler Domain	inkl. vollwertiger internationaler Domain
E-Mail-Konto	-	Ja	Ja
Zugriffsstatistiken	-	Ja	Ja
Responsives Design	-	Ja	Ja

Um eine Homepage im Jimdo-Homepage-Baukasten zu erstellen, muss man sich zunächst mit seiner gewünschten Domain und einer E-Mail-Adresse bei Jimdo registrieren. Der Anmeldeprozess ist sehr simpel, und nach der Bestätigung der E-Mail-Adresse kann man bereits mit der individuellen Gestaltung der eigenen Seite loslegen.

Praxisbeispiel

Gleich nach der Übersicht über die Anbieter der Homepage-Baukästen werden wir mithilfe von Jimdo eine eigene Web-Visitenkarte erstellen („Konkrete Implementierung einer Web-Visitenkarte", S. 53).

Wix.com

Wix.com ist ein 2006 gegründetes Unternehmen aus dem Bereich Webseite-Baukasten mit Hauptsitz in Tel Aviv. Den Homepage-Baukasten von Wix.com erreichen Sie unter der URL: http://de.wix.com.

Die Preisstruktur ist ebenfalls attraktiv und bietet genauso wie Jimdo einen kostenlosen Tarif, mit dem man erste Gehversuche durchführen kann.

Ansonsten verfügt Wix.com über vier weitere verschiedene Pakete mit unterschiedlichen Kosten. Demnach ist im Prinzip für jeden

Wix.com Tarif-Übersicht

Bezeichnung	Wix.com Standard	Connect Domain	Combo	eCommerce	Unlimited
Positionierung	Kostenfrei, zum Probieren.	Die Grundlage für eine Web-Visitenkarte	Zum privaten Gebrauch.	Ideal für Kleinunternehmen.	Für Unternehmen und Selbstständige.
Preis pro Monat bei jährlicher Abrechnung	0 Euro	4,08 Euro	8,25 Euro	16,17 Euro	12,42 Euro
Speicherplatz	100 MB	500 MB	2 GB	20 GB	10 GB
Bandbreite	2 GB	10 GB	2 GB	10 GB	unbegrenzt
Domain	wird extra berechnet	wird extra berechnet	wird extra berechnet	wird extra berechnet	wird extra berechnet
E-Mail-Konto	–	Ja	Ja	Ja	Ja
Premium-Support	–	Ja	Ja	Ja	Ja
Werbefrei	–	Ja	Ja	Ja	Ja
Weitere Besonderheiten	–	–	Eigenes Favicon	Eigenes Favicon, Online-Shop	Eigenes Favicon

Anspruch und jede Preisklasse eine Funktionsversion des Homepage-Baukastens vorhanden. Die Gratis-Homepage hat im Vergleich zu den kostenpflichtigen Varianten allerdings eine begrenzte Anzahl an Funktionen.

Alle kostenpflichtigen Angebote von Wix.com können Sie in den ersten 14 Tagen wieder stornieren und bekommen bereits gezahlte Gelder komplett zurückerstattet. Somit können Sie auch die anderen Pakete des Webseite-Baukastens ohne finanzielles Risiko zunächst ausprobieren.

STRATO Homepage-Baukasten

Die STRATO AG ist ein Internetdienstanbieter mit Sitz in Berlin, die bis 2017 im Besitz der Telekom war und ab Mitte 2017 an United Internet verkauft wurde.

Den Homepage-Baukasten von STRATO erreichen Sie unter der URL: https://www.strato.de/homepage-baukasten/.

Ähnlich wie bei 1&1 gibt es auch bei STRATO keinen kostenlosen Tarif. Allerdings sind die Kosten grundsätzlich moderat und gliedern sich in drei Modelle:

Im Unterschied zu den anderen Anbietern gibt es bei STRATO eine Einschränkung hinsichtlich der mit dem Baukastensystem zu erstellenden Seiten.

Um bei STRATO eine Webseite mit dem Homepage-Baukasten zu erstellen, muss man sich zunächst registrieren. Der Anmeldeprozess streckt sich dabei durch die vielen Formulare etwas in die Länge, und es sind viele persönliche Angaben zu machen. Neben Stammdaten muss man direkt auch schon die Kontodaten und vor allem die Handy-

STRATO Tarif-Übersicht

Bezeichnung	Homepage-Baukasten Basic	Homepage-Baukasten Pro	Homepage-Baukasten SEO
Positionierung	Ideal für Einsteiger mit wenigen Seiten.	Ideal für umfangreiche Webseiten und Firmenauftritte.	Ideal für umfangreiche Webseiten und Firmenauftritte mit Google-Optimierung.
Preis pro Monat bei jährlicher Abrechnung	1 Euro/Monat für 6 Monate, danach 5 Euro/Monat zzgl. 5 Euro Einrichtungsgebühr	1 Euro/Monat für 12 Monate, danach 9 Euro/Monat zzgl. 5 Euro Einrichtungsgebühr	1 Euro/Monat für 6 Monate, danach 15 Euro/Monat zzgl. 5 Euro Einrichtungsgebühr
Speicherplatz	10 GB	30 GB	30 GB
Domain	1 inkl.	2 inkl.	2 inkl.
Anzahl Seiten	5	1000	1000

nummer angeben. Um nämlich die Anmeldung korrekt abzuschließen, muss die Bestellung mit einer per SMS zugeschickten PIN bestätigt werden. Nach diesem Schritt muss einige Zeit auf eine Freischaltung durch STRATO gewartet werden.

Konkrete Implementierung einer Web-Visitenkarte

Für die probeweise (und kostenlose) Erstellung einer eigenen Web-Visitenkarte Schritt für Schritt verwenden wir hier Jimdo. Wählen Sie das kostenfreie Paket „Jimdo Free".
Als Beispielfirma wird abermals die fiktive Unternehmensberatung herangezogen, diesmal als „Lobacher Consulting".

Basis-Setup für die eigenen Web-Visitenkarte

1 Beginnen Sie zunächst auf der folgenden URL: https://de.jimdo.com.

2 Dort klicken Sie auf der Webseite den Button *Jetzt starten*.

3 Als Nächstes geben Sie eine E-Mail-Adresse und ein Passwort ein und klicken auf *Auf geht's!* Sollten Sie zu diesem Zeitpunkt noch keine E-Mail-Adresse besitzen, so können Sie beispielsweise unter http://www.gmx.de kostenlos eine einrichten.

4 Anschließend müssen Sie sich entscheiden, welchen Zweck die Webseite verfolgen soll:

▶ **Webseite:** Dies entspricht einer normalen Webseite zur Präsentation.

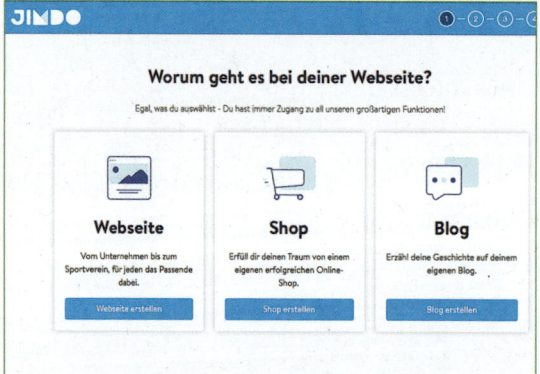

▶ **Shop:** Will man einen eigenen Shop betreiben, so wählt man diese Option.

▶ **Blog:** Sofern man regelmäßig News veröffentlichen möchte, ist diese Option gegebenenfalls die richtige.

Wählen Sie *Webseite* und klicken anschließend auf den blauen Button direkt darunter mit der Aufschrift *Webseite erstellen*.

Inhalte spezifizieren

Im nächsten Schritt kann man auswählen, worum es auf der Webseite geht. Jede Auswahl führt zwar am Ende zum selben Homepage-Baukasten – allerdings werden einige Vorauswahlen getroffen, die zur Kategorie passen.

1 Als Kategorie wählen Sie *Bildung/Coaching* und klicken auf *Webseite erstellen*.

2 Nun kann man im nächsten Schritt eines von 50 vorkonfigurierten Designs auswählen. Alle Details (wie Farben, Schriften u. Ä.) kann man dann später noch umkonfigurieren.

Sie wählen das Design links oben für Ihre Webseite aus. Direkt danach kommt die Abfrage, mit welchem Tarif man fortfahren möchte. Da Sie Ihre ersten Gehversuche machen, wählen Sie hier *JimdoFree* und klicken auf *Jetzt bestellen*.

3 Im nächsten Fenster kann man nun die URL auswählen. Die Registrierung einer neuen Domain kostet hier 5 Euro im Monat, und man kann auch eine bereits registrierte Domain verknüpfen. Da wir aber noch keine Domain haben, geben wir im ersten Feld einen Namen ein (z. B. „lobacher"), überprüfen die Verfügbarkeit und erhalten dann – bei positiver Prüfung – später die Domain „http://lobacher.jimdo.com" (diese sieht bei Ihnen dann selbstverständlich anders aus), wenn Sie auf *Kostenlose Webseite erstellen* klicken.

4 Zwischenzeitlich muss noch die E-Mail-Adresse bestätigt werden, indem man in der erhaltenen Mail auf den Link *E-Mail-Adresse bestätigen* klickt. Dies

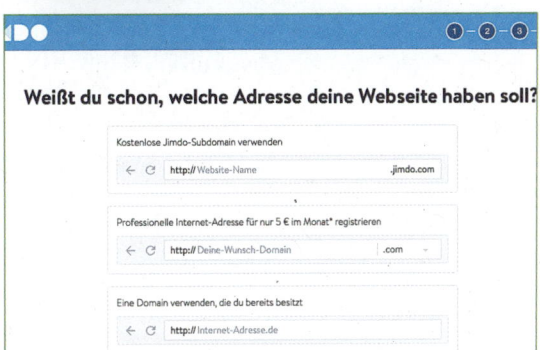

dient der Überprüfung und Verifizierung der von Ihnen angegebenen E-Mail-Adresse.

5 Nach der Bestätigung können Sie direkt auf den Button *Jetzt Jimdo-Webseite bearbeiten* klicken, um mit der Detailkonfiguration fortzufahren.

Die Baukastenoberfläche

Nach ein paar einleitenden Fragen, die Sie mit *Überspringen* übergehen können, gelangen Sie auf Ihre Webseite bei gleichzeitig aktiviertem Homepage-Baukasten.

Dabei sehen Sie im oberen Bereich rechts das Jimdo-Menü, mit dem sich die Grundfunktionen des Homepage-Baukastens steuern lassen. Ein Klick auf das sogenannte *Hamburger-Menü* links oben lässt eine Seitennavigation einfahren. Dies sind die Hauptmenüpunkte:

▶ **Mein Konto:** Dahinter verbergen sich die persönlichen Einstellungen wie das Profil und der Logout.

▶ **Design:** Durch Klicken auf diesen Link kann man Designs, Styles und Hintergründe auswählen sowie ein eigenes Layout erstellen.

▶ **Shop:** Wenn man einen Shop integriert hat, kann

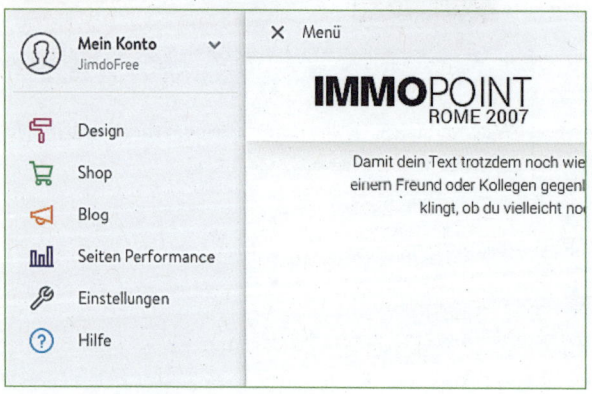

man hier alle zugehörigen Aspekte (wie Produkte, Versandkosten ...) verwalten.

▶ **Blog:** Hier kann man alle Einstellungen für Blogartikel vornehmen.

▶ **Seiten Performance:** Die Seitenstatistiken, die sich hinter diesem Menüpunkt verbergen, sind in der kostenlosen Variante nicht enthalten.

▶ **Einstellungen:** Hier werden die Grundeinstellungen der Webseite vorgenommen.

▶ **Hilfe:** Eine ausführliche Hilfe zum Jimdo-System versteckt sich hinter diesem Menüpunkt.

▶ **Upgrade:** Hier können Sie – bei Bedarf – später auf eines des kostenpflichtigen Pakete umschalten.

Einstellungen

Klicken Sie zunächst im linken Menü auf *Einstellungen*, um Basiseinstellungen für Ihre Webseite zu treffen.

Da Sie in der JimdoFree-Version die ersten Untermenüpunkte bei *Domains* und *E-Mail-Konten* nicht beeinflussen können, geht es direkt mit *Webseite* weiter.

Unter *Funktionen* können Sie die Basis-Funktionen festlegen. Hierzu gibt es zusätzlich noch ein horizontales Menü, das sich im unteren Teil des grauen Bereichs befindet und auf *Fußzeile bearbeiten* voreingestellt ist.

Dort kann vor allem die Copyright-Zeile eingefügt und direkt darunter eingestellt werden, welche Links in der Fußzeile angezeigt werden sollen.

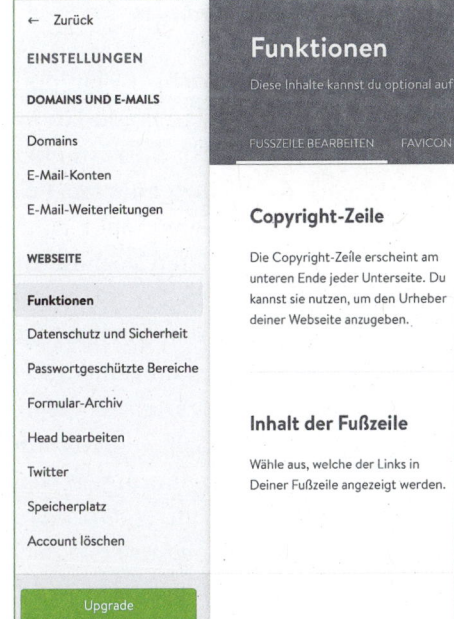

Wenn Sie nun im horizontalen Menü auf *Favicon* klicken, erhalten Sie die Möglichkeit, ein kleines Bild zu hinterlegen, das immer dann vor der URL angezeigt wird, wenn Sie etwa eine Webseite als Favorit abspeichern.

→ **Favicon**
Unter der URL **http://favicon.onl** finden Sie einen Favicon-Generator, mit dem Sie online und ohne Mühe ein Favicon erstellen können. Sobald Sie dort ein Favicon erzeugt haben, können Sie dieses auf Ihren Rechner herunterladen und im Jimdo-Menü wieder heraufladen.

Der nächste Menüpunkt ist *Jimdo im Impressum*. Hier ist es möglich, den Jimdo-Hinweis im Impressum zu entfernen – allerdings nicht in der kostenfreien Variante. Der letzte Menüpunkt schließlich bietet die Möglichkeit, einen *Nach-oben*-Button auf jeder der erzeugten Seiten ganz unten anzuzeigen. Da dies sehr sinnvoll ist, aktivieren Sie diese Funktion.

Nun klicken Sie wiederum ganz links im Menü auf den nächsten Link, der *Datenschutz und Sicherheit* lautet. Zusammen mit dem Impressum sind dies rechtlich relevante Bereiche und sollten daher sorgsam ausgefüllt werden.

Einerseits sollten Sie einen Haken bei *Hinweis zu Cookies anzeigen* setzen und andererseits einen geeigneten Text bei *Persönliche Datenschutzerklärung* formulieren.

Das soll fürs Erste reichen. Wenden Sie sich nun den optischen Anpassungen zu.

Tipp

Datenschutzerklärungen: Um eine Datenschutzerklärung zu verfassen, müssen Sie keinen Anwalt konsultieren. Es gibt gute Dienstleister im Internet, bei denen Sie eine Datenschutzerklärung kostenfrei erhalten. Beispielsweise unter https://www.e-recht24.de/muster-datenschutzerklaerung.html oder http://www.datenschutzklaerung-online.de .
E-Recht24 beispielsweise liefert den folgenden Link, wenn man die *Allgemeinen Datenschutzerklärungen* aktiviert – diesen können Sie in Jimdo übernehmen:
„Die Betreiber dieser Seiten nehmen den Schutz Ihrer persönlichen Daten sehr ernst. Wir behandeln Ihre personenbezogenen Daten vertraulich und entsprechend der gesetzlichen Datenschutzvorschriften sowie dieser Datenschutzerklärung.
Die Nutzung unserer Webseite ist in der Regel ohne Angabe personenbezogener Daten möglich. Soweit auf unseren Seiten personenbezogene Daten (beispielsweise Name, Anschrift oder E-Mail-Adressen) erhoben werden, erfolgt dies, soweit möglich, stets auf freiwilliger Basis. Diese Daten werden ohne Ihre ausdrückliche Zustimmung nicht an Dritte weitergegeben.
Wir weisen darauf hin, dass die Datenübertragung im Internet (z. B. bei der Kommunikation per E-Mail) Sicherheitslücken aufweisen kann. Ein lückenloser Schutz der Daten vor dem Zugriff durch Dritte ist nicht möglich."

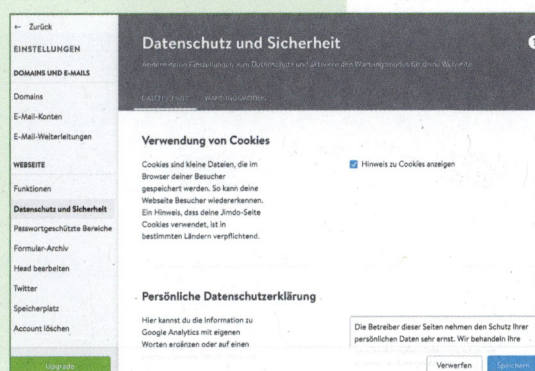

Logo generieren und anpassen

Wenden Sie sich jetzt dem Logo zu. Dafür schließen Sie die linke Navigation mit Klick auf das *X* links oben. Jetzt können Sie direkt auf das Logo selbst klicken. Wenn Sie nochmals auf das nun erscheinende Symbol mit der weißen Wolke auf blauem Hintergrund klicken, sind Sie in der Lage, ein Logo hochzuladen.

Da Sie zu diesem Zeitpunkt eventuell noch kein eigenes Logo besitzen, haben Sie zwei Möglichkeiten: Entweder suchen Sie sich einen Grafiker bzw. Designer, der ein solches erzeugt, oder aber Sie nutzen einen von zahlreich vorhandenen Onlinediensten, die das Logo gegebenenfalls auch umsonst erstellen.

1 Unter der Domain gibt es einen Dienst, der kostenfrei Logos mit minimalem Aufwand erstellt – lediglich einige persönliche Daten (wie Name und E-Mail) müssen am Ende des Prozesses zum Speichern angegeben werden: https://www.freelogoservices.com/de/

Man kann hier beispielsweise den Logo-Text auswählen, aber auch Farben und Schriften und sogar die Elemente, die als Symbol hinzugefügt wurden. Schließlich kann man das Logo als Grafikdatei herunterladen.

2 Lassen Sie sich dabei am Ende des Prozesses nicht davon verwirren, dass Ihnen auf der linken Seite anboten wird, für nur 29,95 Euro weitere kostenlose Dienste in Anspruch zu nehmen. Rechts sehen Sie Ihr Logo, auf das Sie mit der rechten Maustaste klicken können, um es dann abzuspeichern – kostenfrei.

3 Laden Sie nun das Logo auf Ihre Webseite und klicken anschließend auf den blauen Button *speichern*, um das Logo dauerhaft festzulegen.

4 Jetzt wollen Sie sich als Nächstes an das große Headerbild (das „Kopfbild" Ihrer Homepage) machen. Hierzu aktivieren Sie wieder das Menü auf der linken Seite und wählen diesmal die Option *Design*. Beim nun erscheinenden Menü wählen Sie *Hintergrund*.

5 Über das große *Plus*-Zeichen auf der linken Seite können Sie nun ein neues Bild in den Hintergrund laden, indem Sie *Bild* wählen. Weitere Optionen an dieser Stelle sind *Wechselbild* (ein sogenannter Slider), ein *Video* oder aber schlicht eine Farbfläche (über *Farbe*).

6 Nun geht es weiter zum Seitenmenü – auch dieses können bzw. müssen Sie anpassen, da Sie sicherlich andere Menüpunkte als die vorhandenen haben. Dafür klicken Sie einfach in die Nähe des

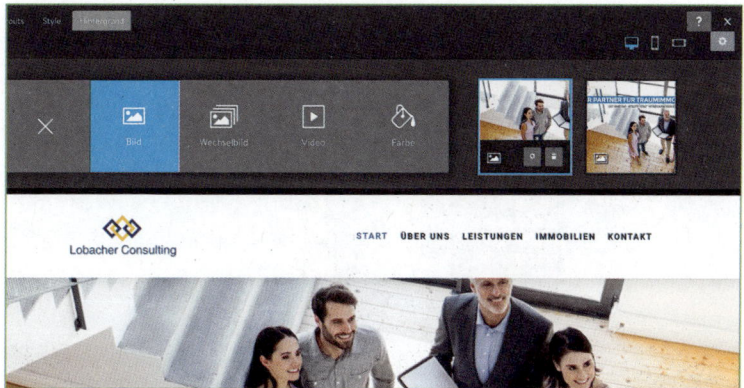

Menüs und erhalten eine Schaltfläche *Navigation bearbeiten*, die sich per Klick in eine Bearbeitungsfunktion für das Menü verwandelt.

7 Anschließend können Sie etwa den Menüpunkt *Immobilien* entfernen, indem Sie rechts daneben auf das *Papierkorb*-Symbol klicken.

Genauso könnten Sie nun neue Seiten anlegen, bestehende Seiten umbenennen oder die Position verändern. Nach dem *Speichern* bleibt das Menü permanent geändert.

Farben anpassen

Als letzten Feinschliff können Sie nun noch die Farben ändern.

1 Hierfür klicken Sie abermals links auf das Menü, wählen dort *Design* und anschließend *Style*. Hier können Sie einerseits das Farbschema und andererseits die Schriftarten für Überschriften und Texte festlegen.

2 Wenn Sie obendrein eine detaillierte Einstellung für einzelne Elemente treffen wollen, können Sie ganz links die Einstellung *Detail Styling* wählen.

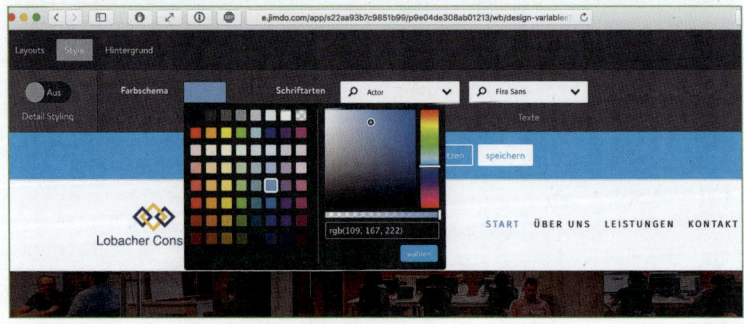

Einrichtung der Web-Visitenkarte abschließen

Nun haben Sie alle wichtigen Einstellungen getroffen und können anfangen, die Seite mit Ihren Inhalten zu füllen. Dafür klicken Sie schlicht die Elemente an, die Sie verändern wollen, und fügen entweder Bilder oder Texte hinzu oder ändern Elemente, die bereits existieren.

Über einen Klick auf das *Fragezeichen* rechts oben (sofern vorhanden) oder aber über die Schaltfläche *Hilfe* im Menü links erhalten Sie immer Hilfe zum Jimdo-Website-Baukasten.

Fertig ist Ihre Web-Visitenkarte. Andere Website-Baukasten funktionieren ähnlich.

Web-Visitenkarte aktiv nutzen

Mit so einer Fünf-Minuten-Webseite findet man Sie jetzt im Internet. Natürlich ersetzt das keine echte Visitenkarte in einem direkten Gespräch – Sie können sie aber integrieren. So können Sie die Webadresse etwa mit auf Ihre Visitenkarte aufnehmen, damit Ihr Gegenüber Ihre Kontaktdaten nicht erst abschreiben oder abtippen muss.

Eine andere Möglichkeit ist, einen QR-Code auf Ihre echte Visitenkarte aus Papier zu drucken. Dieses quadratische, durcheinandergewürfelte Schachbrettmuster funktioniert wie ein Strichcode an der Supermarktkasse. Mit einer entsprechenden App kann Ihr Gegenüber den QR-Code mit dem Smartphone einscannen und gelangt so direkt zu Ihrer Web-Visitenkarte samt Kontaktdaten. Die Muster können Sie sich online ganz einfach und kostenlos von QR-Code-Generatoren erstellen lassen – und sogar Ihr Logo darin einfügen. Ein Nachteil: Wenn Sie auf Design und Ästhetik setzen, sieht das Muster auf der Papiervisitenkarte etwas unschön aus.

Konzeption einer Webseite

Sie haben es geschafft: Ob Facebook oder Web-Visitenkarte – Sie besitzen Ihre eigene Webpräsenz. Wollen Sie aber eine umfangreichere Webseite aufbauen, lohnt es, zuvor noch etwas tiefer in die Materie einzusteigen und sich Gedanken über das genaue Konzept zu machen.

Basiskonzept

Eine Webseite ist letztlich nichts anderes, als eine strukturierte Sammlung von Inhalten, auf die mittels eines Webbrowsers zugegriffen wird. Das Konzept beschreibt dabei, wie diese Struktur aussieht, welche Inhalte sich darin befinden und welche Funktionen und Interaktionsmöglichkeiten dem Benutzer zur Verfügung stehen.

Grundsätzlich sind Sinn, Zweck und Ziel von Webseiten äußerst vielfältig. Die Webseite eines Produktherstellers oder das Intranet einer Non-Profit-Organisation zum Beispiel unterscheiden sich von der Webpräsenz einer öffentlichen Behörde in solchen Belangen wie Zielgruppe, Inhalte oder Umfang gewaltig.

Was diesen Fällen jedoch gemein ist, das sind die grundsätzlichen methodischen Schritte, die unternommen werden müssen, um das gesteckte Ziel zu erreichen. Wie umfangreich diese Schritte bei der Konzepterstellung ausfallen oder ob einzelne Schritte ggf. übersprungen werden können, hängt natürlich stark von Ausrichtung und Gesamtumfang des Projekts ab. Bei einer kleinen Webseite zum Beispiel könnte das Konzept in wenigen Stunden erstellt sein, bei einem sehr großen Projekt kann die Konzeptphase mehrere Wochen in Anspruch nehmen.

Strategien für Webseiten

Wie bereits erwähnt, ist die Vielfalt der Webseiten im Internet riesig. Jede Webseite verfolgt ein anderes Ziel und hat somit auch einen anderen Adressaten. Bei der Erschaffung einer Webseite ist es deshalb notwendig, sich zunächst einmal damit zu beschäftigen, was das konkrete Ziel der Webseite ist und was damit erreicht werden soll. Denn die Anforderungen an eine Webseite zur reinen Präsentation des Unternehmens sind andere als die eines Onlineshops.

Die Ziele einer Webseite können grob wie folgt eingeteilt werden: Unternehmenspräsentation, Informationsplattform, Produktwerbung und/oder Produktverkauf und Selbstdarstellung.

Erste Fragen zum Konzept

Bevor Sie loslegen, sollten Sie in einer Art Katalog folgende Fragen grob beantworten können und diese Antworten in einem ersten Dokument festhalten:

▶ **Was sind die Ziele** des Projekts? Was ist Ihre Vision für die Webseite?

▶ **Wer ist die Zielgruppe** (Kunden bzw. Besucher der Seite) oder gibt es gar mehrere Zielgruppen?

▶ **Welche Funktionen** soll die Seite haben? (Beschreiben Sie alle Funktionen, die Ihnen einfallen.)

▶ **Welche Inhalte sollen** auf die Seite?

▶ **Welche Inhalte sind** eventuell bereits vorhanden?

▶ **Welche Grafiken,** Fotos, Videos etc. sind vorhanden?

▶ **Ist die Qualität der Grafiken,** Fotos, Videos... ausreichend und hat der Auftraggeber die Rechte an den Materialien?

▶ **Sind mehrere Sprachversionen** der Webseite geplant?

▶ **Gibt es Gestaltungsrichtlinien?** (In Unternehmen wird dies als „Corporate Identity" bezeichnet.)

▶ **Gibt es Webseiten,** die Ihnen besonders gut gefallen, und welche, die ihnen gar nicht gefallen? (Nennen Sie jeweils mindestens fünf mit Angabe von Gründen.)

▶ **Wie sehen die Webseiten** der fünf wichtigsten Konkurrenten aus? Was ist gut, was schlecht?

▶ **Worin besteht das Alleinstellungsmerkmal** der Webseite – der sogenannte USP (Unique Selling Point)?

- **Gibt es bereits** eine Domain?
- **Wie sind die technischen** Rahmenbedingungen? Gibt es schon einen Server, auf dem die Seite geladen werden soll? Soll sie in eine Datenbank integriert werden oder auf Datenbanken zugreifen?
- **Wann soll die Webseite** online gehen?

Konkurrenzanalyse

Es ist zweckmäßig, sich ähnliche Webseiten anzusehen, um so herauszufinden, was einem selbst gefällt bzw. wie sich der Mitbewerber präsentiert. Beantworten Sie für jede Webseite, die Sie begutachten, die folgenden Fragen:

Inhalt

- **Sind Zweck und Ziel** der Seite sofort erkennbar?
- **Beantwortet die Webseite** die Fragen, die Benutzer haben?
- **Bietet die Webseite** einen echten Mehrwert? Wenn ja, welchen?
- **Wie steht die Seite** im Vergleich zur übrigen Konkurrenz da?

Zielgruppe

- **Welche Zielgruppe** wird vermeintlich angesprochen?
- **Werden die Fragen** der Zielgruppe beantwortet?
- **Spricht die Seite** die Sprache der Zielgruppe?
- **Ist das Design** an die Zielgruppe angepasst?
- **Wenn die Seite mehrere** Zielgruppen erreicht: Ist deutlich, welcher Bereich für welche Zielgruppe gedacht ist?

Navigationskonzept (Benutzerführung)

- **Ist die Benutzerführung** auf allen Seiten konsistent?
- **Wissen Sie auf jeder Seite,** wo Sie sich gerade befinden?

▶ **Wissen Sie auf jeder Seite,** wie Sie wieder zurückkommen (entweder zur Seite zuvor oder zur Startseite)?
▶ **Sind die Buttons und Links** aussagekräftig beschriftet?
▶ **Sind die verwendeten Symbole** verständlich und beschriftet?
▶ **Sind die verwendeten Metaphern** (z. B. Leitsysteme für Kategorien) verständlich und stringent?
▶ **Gibt es mehrere Wege,** um ein- und dieselbe Information zu erhalten?

Informationsarchitektur

▶ **Ist die Struktur** der Webseite sofort bzw. mit kleinem Aufwand durchschaubar?
▶ **Ist die Zahl** der möglichen Links auf der Startseite überschaubar?
▶ **Sind die Informationen** mit möglichst wenig Aufwand erreichbar (wenige Klicks, klare Entscheidungen)?
▶ **Gibt es eine Übersicht** über alle Seiten (Sitemap)?

Design

▶ **Spricht Sie das Layout** der Webseite an?
▶ **Ist das Layout** professionell gestaltet?
▶ **Entspricht es dem Image** und der CI (Corporate Identity) des Unternehmens bzw. der Marke?
▶ **Ist das Layout** konsistent?
▶ **Unterstützt das Layout** die Informationen?
▶ **Sind die Bilder korrekt** eingesetzt (Relevanz, Qualität, Ladezeit)?
▶ **Kann die Webseite** auch auf kleinen Endgeräten einwandfrei bedient werden (Responsive Web Design)?

Text

▶ **Wird die Zielgruppe** vom Schreibstil angesprochen?
▶ **Ist der Text übersichtlich** gegliedert (Absätze, Listen, Überschriften)?

▶ **Wurde auf ein ausgewogenes** Verhältnis von Text und Bild geachtet?
▶ **Ist zu viel oder zu wenig** Text vorhanden?

Sie werden sehen – sobald Sie Antworten zu den Fragen finden, wird Ihnen immer klarer, wie Sie Ihre eigene Seite aufbauen wollen.

Eine Persona entwickeln

Es ist besonders wichtig, die eigene Zielgruppe genau zu kennen. Nun kann man sich ganz einfach überlegen, welche Klientel auf die eigene Webseite kommt und was sie an Informationen erwartet. Dies ist aber nicht sonderlich strukturiert und an dieser Stelle zudem sehr subjektiv geprägt. Es braucht hier einen neuen Ansatz – hier wird als Anregung das Persona-Konzept vorgestellt.
Eine Persona (lat., „Maske") ist ein Nutzermodell, das Personen einer Zielgruppe nach ihren Merkmalen charakterisieren und sie so zu einer realen Personen in der Diskussion werden lässt. Das übergeordnete Ziel des Persona-Konzepts ist die Erstellung eines klaren Profils der Zielgruppe. Anhand verschiedener Fragestellungen werden fiktive Personen erarbeitet, die als Repräsentanten der Zielgruppe stehen und als Leitfiguren für künftige Kampagnen und Produktentwicklungen dienen sollen.
Klare Vorgaben, welche Merkmale der Persona Sie definieren müssen, gibt es bei dieser Methode nicht. Anders als klar strukturierte Konzeptionsmethoden wie beispielsweise Business Model Canvas lebt das Persona-Konzept von seiner Flexibilität, die viel Raum für Kreativität und individuelle Anforderungen lässt.
Typischerweise werden für eine Persona-Definition die im Folgenden aufgelisteten Fragen beantwortet. Dabei stellt man sich mög-

lichst genau einen typischen Repräsentanten einer Zielgruppe vor und verleiht diesem fiktive Eigenschaften, die aber möglichst nahe an der Realität sein sollten:

- **Ist die Persona** männlich oder weiblich?
- **Wie heißt** Ihre Persona?
- **Wie alt** ist die Persona?
- **Wie sieht** die Persona aus (Bild)?
- **Welche demografischen** und charakterlichen Eigenschaften zeichnen sie aus?
- **Welche Interessen** und Vorlieben hat Ihre Persona?
- **Welche Probleme,** Sorgen und Nöte beschäftigen Ihre Persona?
- **Wie kann Ihr Produkt** bzw. Ihr Angebot für sie hilfreich sein?
- **Wer beeinflusst Ihre Persona** in ihren Entscheidungen (beruflich und privat)?
- **Welche Kriterien** sind aus Sicht Ihrer Persona für einen Kauf entscheidend?

Um noch bessere und präzisere Informationen zu erhalten, können die genannten Fragestellungen nicht allein anhand von Überlegungen und „Bauchgefühl" beantwortet, sondern sollten zusätzlich mit statistisch erhobenen Daten untermauert werden. Darüber hinaus können Sie sich über externe demografische Statistiken, zum Beispiel des Statistischen Bundesamts, weitere wertvolle Informationen besorgen.

Folgende Fragestellungen können Personae beantworten:

- **Wer sind die typischen Nutzer** auf einer Webseite?
- **Wie kann man sich** den typischen Besucher „bildlich" vorstellen?
- **Mit welchen Intentionen** kommen die Nutzer auf die Webseite?
- **Wie nutzen die Besucher** die Webseite, welche Ziele verfolgen sie?
- **Welche Inhalte,** Funktionen und Services wünschen sich die Nutzer?

Ab diesem Zeitpunkt verwenden Sie in der späteren Argumentation – wenn es z. B. darum geht, Inhalte oder Navigationen zu erstellen – nur noch die Argumentationslinie der Persona. So könnte eine Argumentation der Persona „Manager" lauten, dass dieser sehr wahrscheinlich kaum Zeit hat, eine komplexe Navigation zu erkennen, weshalb die Persona „Manager" einen schnellen und einfach zu durchschauenden Zugang zu Informationen benötigt.

Navigationskonzept

Da eine Webseite mehrheitlich Informationen beinhaltet, ist die sogenannte „Informationsarchitektur" eine sehr entscheidende Komponente – d. h., welche Information findet man in welcher Weise wo? Die Informationsarchitektur bezeichnet den Prozess der strukturellen Gestaltung eines Informationsangebots.

Die Navigationsarchitektur

Direkt aus der Informationsarchitektur leitet sich die Navigationsarchitektur (oder oft auch kurz als Navigation oder Navigationsschema bezeichnet) ab. Hierbei handelt es sich um ein Schema bzw. ein Konzept, das unter anderem beschreibt,
- **wie ein Besucher durch** die Webseite navigiert (Benutzerführung) wird,
- **auf welche Art und Weise** er zu der Information gelangt,
- **wie er die Webseite** bedient (Usability),
- **wo auf der Seite** welche Links platziert werden (Verlinkung).

Fragen, die die Navigation beantworten können sollte
- **Wo** befinde ich mich gerade?
- **Wohin** kann ich gehen?

▶ **Woher** komme ich?
▶ **Wie** komme ich wieder zurück?
▶ **Wie** kann ich wieder von vorn anfangen?

Dabei spielen an dieser Stelle weder Design noch Farben eine Rolle. Die Navigationsarchitektur ist ein zentraler und wichtiger Bestandteil des Aussehens der Webseite und hat einen erheblichen Einfluss auf ihre Bedienbarkeit.

Navigieren als intuitiver Vorgang
Idealerweise sollte jeder Besucher die Webseite ohne großes Nachdenken navigieren können – d. h., alle Funktionen und Inhalte sollten sich intuitiv erschließen lassen. Ob dies wirklich so ist, hängt auch zum Teil vom Besucher ab, etwa

▶ **von der Zielgruppe selbst:** In welchem Kontext befindet sich der Besucher gerade (zu Hause, bei der Arbeit, auf Jobsuche...)? Auf welche Reize reagiert er? Alter, Geschlecht, Beruf, Bildung, Lebenssituation und Ähnliches spielen ebenfalls ein große Rolle.
▶ **von der (Web-)Erfahrung der Zielgruppe:** Besucher mit großer Erfahrung im Internet kommen einfacher mit komplexen oder innovativen Navigationskonzepten zurecht als solche, die sich seltener im Internet aufhalten.

Bei der Entwicklung der Navigation muss die Zielgruppe in jedem Fall berücksichtigt werden. Ist diese beispielsweise eher jünger (und damit ggf. technisch versierter), kann das Navigationskonzept eventuell komplizierter oder innovativer sein als bei älteren Personen mit weniger Erfahrung im Web.

Verschiedene Navigationstypen:

❶ **Hauptnavigation:** Die Hauptbereiche der Webseite werden meist in der sogenannten Hauptnavigation abgebildet, die sich aus dem Navigationskonzept ergibt. Hier sollte man darauf achten, nicht mehr als sieben Elemente zu verwenden, weil es für den Benutzer extrem schwierig ist, sich mehr Elemente zu merken.

❷ **Unternavigation (Subnavigation):** Sobald man in einen Hauptbereich eingedrungen ist, navigiert man per Unternavigation weiter, denn der Hauptbereich ist meist in weitere Bereiche (Unterbereiche) unterteilt.

❸ **Service-/Metanavigation:** Die Metanavigation bezeichnet übergeordnete Funktionen, die von jeder Seite aus erreichbar sein sollen, sich aber (oftmals) nicht in die Hauptstruktur einordnen lassen. Dies können z. B. eine Such- oder Hilfefunktion sein, Links zu alternativen Sprachversionen oder Links zu Kontakt, Impressum und AGB.

❹ **Social-Media-Navigation:** Social-Media-Profile (wie Facebook, Twitter, YouTube und Co.) werden immer beliebter – kein Wunder also, dass sich zur Abbildung dieser Informa-

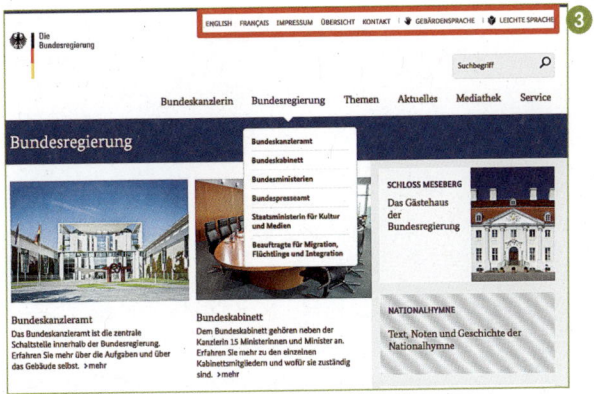

 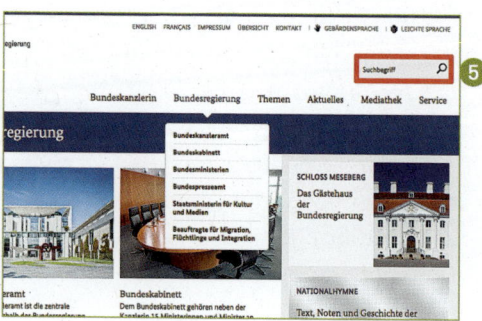

tionen eine eigene Navigationskategorie herausgebildet hat: die sogenannte Social-Media-Navigation.

❺ **Formularnavigation:** Es gibt einige Formularfelder, über die man ebenfalls navigieren kann. Das sicherlich bekannteste Feld dabei ist die Suche. In dieses Formularfeld wird der gewünschte Suchbegriff eingegeben und die Suche anschließend ausgeführt. Als Antwort erhält man meist eine Liste von Seiten, zu denen der Suchbegriff passt. Eine weitere Formularnavigation ist das Auswahlmenü oder ein Login.

Feinkonzept

Das Feinkonzept stellt den Konstruktionsplan für Ihre Webseite dar, worin jede einzelne HTML-Seite beschrieben ist. Alle Texte, Bilder, Funktionen und Ähnliches sind dort ebenfalls vermerkt.
Manche Bereiche lassen sich auch zusammenfassend beschreiben. Telefonlisten oder Katalogeinträge zum Beispiel müssen nicht komplett im Feinkonzept erscheinen. Auch bei hoch dynamischen Webseiten mit Datenbankanbindung (Onlineshops etc.) kommt natürlich nicht alles ins Feinkonzept.

Für diese beschreiben Sie nur die verschiedenen Bereiche und führen alle Typen von Seiten auf. Jede Vorlage (Template), die später mit Inhalten gefüllt wird, sollte im Feinkonzept erscheinen.

Das Feinkonzept ist letzten Endes ein Dokument, das alle Informationen enthält. Dabei ist es egal, in welchem Format das Dokument erstellt wurde – hier können Sie sich für das Programm entscheiden, mit dem Sie am besten zurechtkommen.

Die Schritte für das Feinkonzept sind im Folgenden beschrieben.

Informationen zusammentragen

Zunächst einmal tragen Sie alle Informationen zusammen, die zurzeit existieren:

- **Grobkonzepte**
- **Beantwortung** der Fragebögen zu Konzept und Konkurrenz
- **Eventuell vorhandenes Bild-** und/oder Textmaterial
- **Rechercheergebnisse**
- **Gestaltungsrichtlinien** (sofern vorhanden)
- **Alles, was Ihnen darüber hinaus** noch einfällt

Diese Informationen können Sie in ein Dokument überführen, welches den Startpunkt des Feinkonzepts bildet und mit den folgenden Informationen angereichert wird.

Informationsarchitektur

Wenn Sie den allgemeinen Teil des Feinkonzepts fertig haben, geht es an den wichtigsten Arbeitsschritt: das Festlegen der Informationsarchitektur.

Sie sollten Ihren Benutzern von Anfang an die bestmögliche Orientierung geben und sie nicht dem Zufall überlassen. Nur so können Sie sicherstellen, dass sich Ihre Nutzer auf der Webseite perfekt orientieren und danach navigieren.

Sollte sich der Besucher nicht schnell auf der Seite zurechtfinden können, gibt er frustriert auf und wird die Site wahrscheinlich nie wieder besuchen – und obendrein zur Konkurrenz gehen. Konstruieren Sie die Webseite daher so, dass alles dort ist, wo Ihre Benutzer es suchen. Sie sollten berücksichtigen, immer die Perspektive des Benutzers einzunehmen. Denn selbst wenn Sie anderer Meinung sind, sollten Sie in die Rolle Ihrer Zielgruppe hineinschlüpfen und aus deren Sicht konzipieren.

Content First und Mobile First

Bei der Konzeption (und später beim Design) sollten Sie zuallererst an den Inhalt selbst denken – denn dieser ist der Grund, warum es überhaupt eine Webseite gibt. Daher muss er im Mittelpunkt sämtlicher Überlegungen stehen.

Stellen Sie sich Inhalte vor, die überwiegend aus Bildern oder aus Texten bestehen oder viele Links, Listen oder Formulare enthalten. Für jedes dieser Szenarien müssen Sie gegebenenfalls anders planen, konzipieren, gestalten. Der Ansatz wird „Content First" genannt.

Erst danach kann man sich Gedanken darüber machen, wie und in welchem Kontext der Content dargestellt wird. Auch hier sollte man sich selbst einen Gefallen tun und bei den Überlegungen mit dem kleinstmöglichen späteren Nutzungsgerät anfangen – dies wird meist das Smartphone sein. Wenn man es schafft, alle Inhalte auf einem solch kleinen Gerät so zu platzieren, dass die Nutzer damit zufrieden sind, kann man anfangen sich zu überlegen, was man macht, sobald man über mehr Platz verfügt, weil die Nutzer die Webseite zum Beispiel auch auf einem Laptop ansehen. Dieser Ansatz heißt „Mobile First"

Natürlich sind Smartphones oftmals noch nicht in der Lage, mit den „großen Geräten" mitzuhalten, und so gibt es ggf. folgende Einschränkungen:

▶ **Der Bildschirm** ist deutlich kleiner.
▶ **Die Verbindung** ist eventuell langsamer.
▶ **Die Verbindung** ist nicht ständig vorhanden (Funkloch oder vom Nutzer deaktiviert).

▶ **Die Steuerung** übernehmen Finger, die viel größer und unpräziser sind als Mauszeiger.
▶ **Die Zugangsgeräte** haben weniger Speicher und weniger leistungsfähige Prozessoren.
▶ **Flash und andere Plug-ins** sind auf den meisten Geräten nicht praktisch nutzbar.

Wegen dieser Einschränkungen gilt bei der Konzeption die Regel „Mobile First". Das bedeutet: Planen Sie zuerst für die technisch eingeschränkten Nutzer und bieten Sie dem, der mehr Möglichkeiten hat, gern weitere Funktionen. Dies wird als „Progressive Enhancement" bezeichnet.
Nimmt man beide Konzepte zusammen, so erhält man „Content First/Mobile First" – also erst Inhalte und dann genauso wichtig Mobilität.

Zuordnung der Inhalte

Versuchen Sie nun, die vorhandenen und die gewünschten Informationen für die Webseite in eine Struktur zu bringen. Das können Sie entweder allein tun oder mithilfe von Vertretern Ihrer Zielgruppe. Laden Sie hierzu aber immer nur eine Person ein und lassen Sie sie Ordnung in die Themenvielfalt bringen.
Eine sehr spannende Methode ist das sogenannte Card Sorting. Schreiben Sie hierzu je eine Seitenüberschrift (die Navigationsarchitektur haben Sie bereits erstellt) auf eine kleine Karte. Legen Sie die Karten so aus, wie Sie sich die zukünftige Navigation vorstellen. Anschließend machen Sie dasselbe mit den Inhalten und ordnen sie jeweils den Seiten zu. Nun werden Sie merken, wo es Doppeldeutigkeiten gibt oder ein Begriff überhaupt nicht mehr passt. Oder aber die Struktur bzw. das Wording muss angepasst werden. Diesen Prozess kann natürlich auch Ihre Zielgruppe durchführen – dann wissen Sie am besten, dass die schließlich entstandene Struktur und das Wording perfekt auf diese angepasst sind.

Die Startseite

Die Startseite (auch als Homepage bezeichnet) ist die erste Seite, die Ihre Besucher von Ihnen sehen werden und damit oftmals die einzige Chance, zu überzeugen. Sie muss mehr Funktionen erfüllen und wird öfter aufgerufen als jede andere Seite.
Die wichtigsten Aufgaben der Homepage sind:
- **Identifikation:** Von wem ist die Seite?
- **Information:** Wie ist das Angebot, was kann man hier tun/finden?
- **Überblick:** Welche Inhalte sind wie erreichbar?
- **Zugriff:** Wo findet der Besucher die wichtigsten Funktionen wie Suche, Kontakt, Login etc.?
- **Image:** Welche Außendarstellung wollen Sie transportieren?
- **Neugier:** Warum sollte der Kunde auf Ihrer Seite bleiben?
- **Neuigkeiten:** Was hat sich seit dem letzten Besuch getan?

Das Hauptproblem ist: Wenn all diese Inhalte auf die Startseite sollen – denn alles scheint gleich wichtig zu sein – wächst die Startseite damit eventuell ins Unermessliche. Um alles unter einen Hut zu bringen, müssen Sie daher gut planen. Dabei hilft es, Prioritäten zu setzen. Die wichtigsten Dinge kommen an die prominentesten Stellen. Generell lässt sich sagen, dass der Bereich oben und hier alles um die Mitte herum wohl am meisten Beachtung findet. Erst danach wandern die Besucher visuell nach unten und an die Ränder.

Wireframes – mit Stift und Papier

Als Wireframe wird der konzeptionelle Entwurf einer Internetseite während der Planungsphase bezeichnet.
Bevor man anfängt, die Webseite konkret zu gestalten, sollte man eine Skizze der gewünschten Webseite erstellen. Bei kleinen Seiten genügt eine Skizze für die Homepage (Startseite) und eine für alle

weiteren Seiten. Lediglich für spezielle Funktionalitäten (wie Formulare, Login) sollten Sie separate Skizzen erstellen.

Seitenskizzen sind unter anderem deswegen so nützlich, weil sie Ihnen helfen, mit ganz wenig Aufwand Klarheit über das zu bekommen, was auf den einzelnen Seiten zu sehen sein soll. Somit merken Sie sehr schnell, welche Elemente nicht an die angedachten Plätze passen oder an welche Elemente Sie bisher noch nicht gedacht haben.

Wireframes – am PC

Statt mit Papier und Bleistift kann man solche Wireframes auch mit dem Computer erstellen.

Eine mögliche Auswahl an kostenlosen Programmen – die zudem alle webbasiert sind – finden Sie hier:

- ▶ https://wireframe.cc
- ▶ https://www.justinmind.com/free-wireframing-tool
- ▶ http://my.lovelycharts.com
- ▶ https://ninjamock.com/home/index
- ▶ https://www.gliffy.com
- ▶ http://uxpin.com/ (frei nur für 30 Tage)
- ▶ http://www.mockflow.com/
- ▶ https://gomockingbird.com/

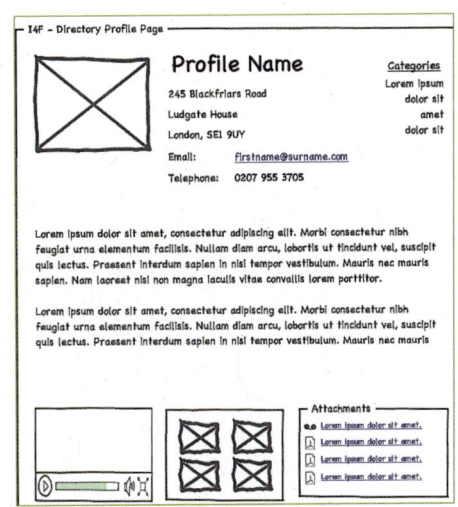

Ein sehr mächtiges Tool ist zudem *Axure*. Es ist allerdings nicht webbasiert und nach einer kurzen Erprobungsphase auch nicht mehr kostenlos.

Sie finden es unter folgendem Link: https://www.axure.com.

Das richtige Hosting finden und einrichten

Um eine Webpräsenz im Internet zu betreiben, benötigt man einen Platz auf einem Rechner, der den Server für den Onlineauftritt darstellt. Diese Bereitstellung nennt man Hosting. Hier werden einige Anbieter vorgestellt.

Was ist Hosting?

Hosting oder Webhosting ist ein Begriff für das technische Bereitstellen von Inhalten im Internet. Dazu wird ein sogenannter Server benötigt – ein Computer, der stets online ist und den Internetnutzern diese Inhalte permanent zur Verfügung stellt. Normalerweise benötigt man (gerade für den Anfang) noch keinen eigenen Server, sondern greift auf ein Angebot zurück, das die Verwaltung mehrerer Kunden auf einem Server ermöglicht.
Dafür kann man einen Hoster (oder Provider bzw. Hosting-Anbieter) verwenden, der das für einen erledigt. Auf dem dort verwalteten Server liegt dann nicht nur die eigene Seite, sondern auch noch zahlreiche andere. Davon merken aber weder Sie als Betreiber noch Ihre Besucher etwas.

Hosting-Leistungen

Hosting beinhaltet in der Regel noch deutlich mehr Leistungen. So wird nicht nur der reine Speicherplatz zur Verfügung gestellt, sondern auch eine Infrastruktur, um diesen Speicherplatz vom eigenen Rechner aus befüllen zu können. Das wird entweder durch die Bereitstellung eines Dienstes wie FTP (File Transfer Protocol) realisiert, mit dessen Hilfe und einem Programm sich Daten zwischen dem eigenen Rechner (lokaler Rechner) und dem entfernten, im Internet befindlichen Rechner (Remote-Rechner) austauschen lassen. Damit Sie die Leistungen aus den Angeboten der Hoster besser interpretieren können, sind nachfolgend die wichtigsten mit einer entsprechenden Erklärung aufgelistet.

Webspace

Damit wird der reine Speicherplatz für Ihre Webseite bezeichnet. Dieser wird in der Einheit „Bit" (oder „b") angegeben. Dabei gilt:

- **8 Bit =** 1 Byte (B)
- **1 000 Byte =** 1 Kilobyte (KB)
- **1 000 Kilobyte =** 1 Megabyte (MB)
- **1 000 Megabyte =** 1 Gigabyte (GB)
- **Orientierung:** 1 Kilobyte = ca. 1 vollgeschriebene A4-Seite

Eine einzelne Webseiten-Ebene, mit HMTL, CSS, JavaScript und ein paar Bildern, hat etwa um die 2–5 MB, wobei Bilder den größten Platz einnehmen. Wenn Ihr Webspace nun beispielsweise 10 GB umfasst, könnten Sie also bis zu 200 Unterseiten für Ihren Webauftritt speichern. Verwenden Sie allerdings sehr große Bilder – selbst Mittelklassedigitalkameras nehmen heute bereits 10–20 MB große Fotos auf – kann sich der Seitenumfang schnell verringern.

Noch schneller ist der Platz knapp, wenn Sie Videos verwenden. Beim Apple iPhone 6S beispielsweise nimmt den Angaben in den Videoeinstellungen zufolge eine Videominute bei 720 p-Auflösung und 30 Bilder pro Sekunde (fps) genau 60 MB ein. Bei 1 080 p-Aufnahmen mit 30 fps sind es 130 MB, bei 1 080 p mit 60 fps etwa 200 MB und bei 4 K-Aufnahmen mit 30 fps schon 375 MB.

Rein technisch gibt es einen Unterschied zwischen HDD (Hard Disk Drive) und SSD (Solid State Drive). Eine HDD ist eine Festplatte, die mechanische Teile verbaut hat. Dadurch dauert der Zugriff darauf länger als bei einer SSD. Wenn das Hosting SSD anbietet, sollte man darauf setzen, weil der Zugriff auf die Webseite dann schneller stattfindet.

Mailspace

Ähnlich wie beim Webspace, gibt der Mailspace an, wie viel Platz man für seine E-Mails bekommt. Hier gilt analog: Je mehr Inhalt eine Mail hat und je größer mitgeschickte Dateien sind, desto mehr Platz benötigt eine E-Mail auf der Festplatte. Für die meisten Fälle reicht ein Mailspace in Höhe von maximal 5 GB aus. Denn früher oder später wird man alte Mails löschen (können), um neuen Platz zur Verfügung zu haben.

Domains

Hoster inkludieren meist (aber nicht immer) eine Anzahl Domains in den Grundpreis, d. h., mit der Zahlung der Hosting-Gebühren ist die Gebühr für die Domain bereits abgegolten. Sie sollten darauf achten, dass zumindest eine Domain im Angebot inbegriffen ist. Ebenfalls unterschiedlich kann sein, aus welchen Top-Level-Domains man sich eine Domain auswählen kann. So bieten Hoster oftmals eine .de-Domain inklusive an, verlangen aber für andere Domains wie .com eine Zusatzgebühr.

Datenbanken

Webseiten, die ausschließlich aus HTML, CSS und JavaScript bestehen, werden auch als statisch bezeichnet. Das liegt daran, dass beim erneuten Aufruf derselben Seite der Inhalt meist identisch ist. Eine kleine Ausnahme macht das JavaScript, das in der Lage ist, beispielsweise Bewegung auf eine Webseite zu bringen.
Will man allerdings wirklich dynamische Inhalte ausgeben, so kommt man an einer Datenbank nicht vorbei. Wie der Name schon suggeriert, werden dort Daten in strukturierter Form gespeichert, wie Adressen, Produkte oder Ähnliches. Eine sogenannte Script-Sprache (wie PHP, ursprünglich für Personal Home Page) kann nun auf diese Datenbank zugreifen und dort Daten nach vorher festgelegten Mustern abrufen. Anschließend werden diese Daten dann in eine HTML-Ausgabe umgewandelt und an den Browser gesendet.

Ob Sie eine Datenbank benötigen, hängt davon ab, was Sie mit Ihrer Webpräsenz bezwecken wollen. Benötigt wird eine Datenbank immer dann, wenn man ein System wie WordPress (Content Management System) oder Magento (Shopsystem) betreiben will.

Arbeitsspeicher

Der Server, auf dem die Webseite läuft, verhält sich wie ein PC. Als Faustregel lässt sich sagen, dass der Arbeitsspeicher eine zunehmend stärkere Rolle spielt, je mehr Personen gleichzeitig auf Ihre Webseite zugreifen. Denn jeder Zugriff benötigt einen Serverprozess (wenn z. B. PHP verwendet wird), und der Zugriff auf eine eventuell vorhandene Datenbank kommt noch hinzu. Gut ist es, bei diesem Parameter einen Wert von 500 MB oder höher zu wählen.

Skriptsprachen

Wie unter „Datenbanken" beschrieben, erfolgt ein Zugriff auf die Datenbank immer über eine Skriptsprache. Die geläufigste ist dabei PHP. Achten Sie darauf, dass Ihr Hosting PHP in der Version 5.5 oder höher (5.6, 7.1 oder noch höher) unterstützt.

Traffic

Jede abgerufene Webseite erzeugt diesen „Datenverkehr". Traffic kostet den Anbieter Geld, daher gibt es einige Hoster, die den Datenverkehr einschränken, indem ein Inklusivvolumen (von z. B. 10 GB) vorgegeben und darüber hinausgehender Datenverkehr dann auch zusätzlich berechnet wird. Wählen Sie daher einen Anbieter, der entweder einen unbegrenzten Datenverkehr oder aber entsprechend viel Inklusivvolumen anbietet.

SSL – Verschlüsselung des Datenverkehrs

Ruft man eine Webseite auf, wird der Datenverkehr unverschlüsselt übertragen. Wenn Sie z. B. die Kreditkartendaten Ihrer Kunden übertragen möchten, sollten diese Daten natürlich verschlüsselt sein. Dazu wurde das Protokoll SSL (Secure Socket Layer) erfunden. Man merkt die SSL-Verschlüsselung am „https" statt „http" in der Adresszeile. Meist wird zudem im Browser entweder ein Schloss in der Eingabezeile angezeigt oder farblich auf SSL hingewiesen.

Arten des Hostings

Grundsätzlich lassen sich unter anderem folgende Arten des Hostings unterscheiden:

Inkludiertes Hosting
Bei Ihren bisherigen Webpräsenzen auf Facebook und bei Jimdos Web-Visitenkarte ist das Hosting inbegriffen – Sie müssen sich um nichts kümmern. Allerdings haben Sie so auch keine Flexibilität.

Kostenloser Webhosting-Service
Diese Services sind für Sie zwar gratis, die angebotenen Funktionen sind jedoch sehr eingeschränkt (und eignen sich im Einzelfall daher nur bedingt) und/oder werden etwa durch Werbung finanziert.

Shared Webhosting-Service
Dabei nutzen sämtliche Domains einen gemeinsamen Pool von Serverressourcen wie Speicherplatz, RAM oder CPU. Einfache Funktionen werden angeboten, sind aber unflexibel im Bezug auf Software und Updates. Dies stellt das größte und für Einsteiger einfachste Angebot im Web dar und wird auch im Beispiel genutzt.

Virtual Dedicated Hosting (bzw. Vserver)
Diese Art des Webhostings teilt Serverressourcen in virtuelle Server auf, wobei die Ressourcen der Hardware dem jeweiligen User flexi-

bel zugeordnet werden können – für den User selbst fühlt es sich so an, als hätte dieser einen bestimmten Server. Zu finden beispielsweise hier: https://www.strato.de/server/linux-vserver/.

Dedicated Hosting (bzw. Root Server)

Der User hat vollen administrativen Zugriff auf einen eigenen Server und kann alle Funktionen nutzen. Damit kommen aber auch sämtliche Aufgaben auf ihn zu, wie Sicherheit, Aktualisierung, Wartung und Ähnliches. Ein Anbieter hierfür ist https://www.hetzner.de/hosting/produktmatrix/rootserver.

Managed Hosting

Man kauft einen eigenen Server, hat aber nicht die vollständige Kontrolle über diesen. Wichtige Einstellungen (wie Sicherheit, Aktualisierung oder Wartung) werden nach wie vor vom Hoster getätigt – man selbst hat aber vollen Zugriff auf die Hosting-Anteile. Zu finden beispielsweise hier: https://www.server4you.de/virtual-server.

Cloud-Hosting

Dies stellt eine relativ neue Art der Hosting-Plattformen dar, die dem User leistungsstarkes und zuverlässiges Hosting auf mehreren, zusammengeschalteten Servern ermöglicht. Der Vorteil ist mitunter, dass Performance, Speicherplatz und Ähnliches per Knopfdruck zuschaltbar sind und keinen Austausch der Hardware verlangen. Ein möglicher Anbieter ist hier: https://www.claranet.de/cloud-hosting-service.

Und was brauchen Sie?

Um die ersten Schritte mit Ihrer Webpräsenz zu gehen, reicht es völlig aus, wenn Sie sich auf die Anbieter der „Shared Webhosting-Services" konzentrieren. Daher wird im Folgenden eine Auswahl aus diesem Segment vorgestellt.

Welche Anbieter gibt es?

Der Markt der Hosting-Anbieter ist extrem groß und damit auch unübersichtlich. Die Auswahl beschränkt sich daher auf vier Anbieter mit Sitz in Deutschland – 1&1 in Montabaur, STRATO und 1blu in Berlin, Alfahosting in Halle/Saale – und den europaweit agierenden Anbieter DomainFactory.
Die Auswahl der Anbieter spiegelt keine Testergebnisse wider. Alle Anbieter schalten immer wieder Rabattaktionen mit geringeren Preisen zu Beginn der Laufzeit. So etwas kann sich lohnen – behalten Sie jedoch dabei auch den Gesamtpreis im Blick.

1&1-Pakete

Bezeichnung	Starter	Unlimited	Unlimited plus	Unlimited pro
Einrichtungsgebühr	–	–	–	–
Kosten im ersten Jahr (pro Monat)	2,99 Euro	0,99 Euro	4,99 Euro	9,99 Euro
Kosten in den Folgejahren (pro Monat)	3,99 Euro	6,99 Euro	9,99 Euro	19,99 Euro
Laufzeit	12 Monate	12 Monate	12 Monate	12 Monate
Webspace	5 GB	unbegrenzt	unbegrenzt	unbegrenzt
Mailspace	2 GB	2 GB	2 GB	2 GB
Inklusivdomains	1	2	3	4
Datenbanken	2	unbegrenzt	unbegrenzt	unbegrenzt
Arbeitsspeicher	300 MB	600 MB	1,2 GB	2 GB
PHP	Ja	Ja	Ja	Ja
Anzahl Webprojekte	1	unbegrenzt	unbegrenzt	unbegrenzt

1&1

Die URL für das Hosting-Angebot von 1&1 lautet: https://hosting.1und1.de/webhosting. Hier gibt es zunächst vier Pakete, die sich wie folgt unterscheiden: Zu empfehlen ist eines der Unlimited-Pakete – beispielsweise direkt das günstigste für im ersten Jahr 0,99 Euro pro Monat und danach für 6,99 Euro pro Monat. Man hat zudem genügend Domains und kann beliebig viele Webprojekte anlegen. Der Arbeitsspeicher ist mit 600 MB zudem ordentlich ausgestattet. Vom Starter-Paket ist aufgrund des sehr kleinen Arbeitsspeichers abzuraten.

Die Pakete „Starter" und „Unlimited" kommen zudem mit einer 30-tägigen Geld-zurück-Garantie, wenn man mit dem Angebot nicht zufrieden sein sollte.

DomainFactory

Die Marke gehört zur britischen Firma Hosteurope mit Sitz in Hayes. Die URL für das Hosting-Angebot lautet: https://www.df.eu/de/webhosting/. Hier gibt es sogar fünf verschiedene Pakete, die sich wie folgt darstellen:

Das DomainFactory-Angebot ist solide. Interessant sind die generell kurzen Laufzeiten.

Zu empfehlen ist ein Paket ab „Professional", wenn eine Domain inbegriffen sein soll.

DomainFactory-Pakete

Bezeichnung	Basic	Medium	Professional	Premium	Ultimate
Einrichtungsgebühr	9,99 Euro	9,99 Euro	9,99 Euro	9,99 Euro	9,99 Euro
Kosten (pro Monat)	3,99 Euro	6,99 Euro	9,99 Euro	19,99 Euro	39,99 Euro
Laufzeit	1 Monat	1 Monat	1 Monat	1 Monat	1 Monat
Webspace	25 GB	50 GB	100 GB	200 GB	400 GB
Mailspace	25 GB	50 GB	100 GB	200 GB	400 GB
Inklusivdomains	–	–	1	2	5
Datenbanken	1	10	1 000	unbegrenzt	unbegrenzt
Arbeitsspeicher	wenig	wenig	mittel	viel	sehr viel
PHP	Ja	Ja	Ja	Ja	Ja
Anzahl Webprojekte	unbegrenzt	unbegrenzt	unbegrenzt	unbegrenzt	unbegrenzt

Strato

Der Dienst STRATO hat seinen Sitz in Berlin, betreut zurzeit knapp 4 Millionen Domains und hat ca. 1,2 Millionen Kunden.

Die URL für das Hosting-Angebot lautet: https://www.strato.de/hosting/. Das Angebot von STRATO gliedert sich in vier Pakete: Hier können potenziell alle Pakete verwendet werden.

STRATO bietet eine 30-tägige Geld-zurück-Garantie an. Darüber hinaus existiert für alle Pakete ein weiteres Preismodell mit einer Laufzeit von jeweils nur einem Monat. Dafür sind die monatlichen Kosten dann etwas höher angesetzt.

STRATO-Pakete

Bezeichnung	PowerWeb Starter	PowerWeb Basic	PowerWeb Plus	PowerWeb Pro
Einrichtungsgebühr	10 Euro	10 Euro	10 Euro	10 Euro
Kosten pro Monat (im 1. Jahr)	1 Euro	1 Euro	1 Euro	1 Euro
Kosten pro Monat (ab 13. Monat)	4 Euro	7 Euro	10 Euro	18 Euro
Kosten ab 1. Monat alternativ	4,50 Euro	8 Euro	11 Euro	19 Euro
Laufzeit (alternative Laufzeit)	1 Jahr (1 Monat)	1 Jahr (1 Monat)	1 Jahr (1 Monat)	1 Jahr (1 Monat)
Webspace	30 GB	60 GB	120 GB	200 GB
Mailspace	10 GB	20 GB	40 GB	100 GB
Inklusivdomains	1	2	3	4
Datenbanken	2	25	50	75
Arbeitsspeicher	keine Aussage	keine Aussage	keine Aussage	keine Aussage
PHP	Ja	Ja	Ja	Ja
Anzahl Webprojekte	unbegrenzt	unbegrenzt	unbegrenzt	unbegrenzt

1blu

Der Berliner Hoster 1blu kann mit über 300 000 Kunden aufwarten.

Die URL für das Hosting-Angebot lautet: https://www.1blu.de/webhosting/homepagepakete/. 1blu bietet gleich sieben Pakete an:

Das Paket „Homepage A" unterstützt kein PHP, es ist daher

1blu-Pakete

Bezeichnung	Homepage A	Homepage	Homepage Power	Homepage Professional	Homepage ProPlus	Homepage Unlimited	Homepage Ultimate
Einrichtungsgebühr	4,90 Euro	6,90 Euro	entfällt	6,90 Euro	entfällt	6,90 Euro	6,90 Euro
Kosten (pro Monat)	4 Euro	7 Euro	10 Euro	8,69 Euro	9,90 Euro	12,90 Euro	14,90 Euro
Laufzeit	12 Monate	12 Monate	12 Monate	6 Monate	6 Monate	6 Monate	6 Monate
Webspace	20 GB	40 GB	60 GB	100 GB	250 GB	300 GB	400 GB
Mailspace	5 GB	10 GB	30 GB	100 GB	120 GB	130 GB	140 GB
Inklusivdomains	1	2	3	4	5	6	10
Datenbanken	3	25	40	50	70	100	unbegrenzt
Arbeitsspeicher	keine Aussage	keine Aussage	keine Aussage	keine Aussage	keine Aussage	keine Aussage	keine Aussage
PHP	–	Ja	Ja	Ja	Ja	Ja	Ja
Anzahl Webprojekte	unbegrenzt	unbegrenzt	unbegrenzt	unbegrenzt	unbegrenzt	unbegrenzt	unbegrenzt

nicht so gut für Ihre Zwecke geeignet. Alle anderen Angebote sind zu empfehlen. Ab dem Paket „Homepage ProPlus" wird als Speicher für die Webseiten SSD verwendet. Diese laden schneller und können Ihre Webseite somit in kürzerer Zeit für Besucher aufbauen und die Inhalte bereitstellen.

Alfahosting

Alfahosting hat seinen Firmensitz in Halle. Die URL für das Hosting-Angebot lautet: https://alfahosting.de. Der Service hält sechs verschiedene Hosting-Pakete im Angebot bereit:

Alfahosting-Pakete

Bezeichnung	Starter L	Multi L	Multi XL	Business L	Business XL	Business XXL
Einrichtungsgebühr	–	–	–	–	–	–
Kosten (pro Monat)	1,69 Euro	3,99 Euro	5,99 Euro	8,99 Euro	14,99 Euro	18,99 Euro
Laufzeit	4, 6, 12, 24 Monate	4, 6, 12, 24 Monate	4, 6, 12, 24 Monate	4, 6, 12, 24 Monate	4, 6, 12, 24 Monate	4, 6, 12, 24 Monate
Webspace	5 GB	60 GB	100 GB	200 GB	250 GB	550 GB
Mailspace	2 GB	20 GB	40 GB	unbegrenzt	unbegrenzt	unbegrenzt
Inklusivdomains	1	1	2	3	4	5
Datenbanken	–	6	30	unbegrenzt	unbegrenzt	unbegrenzt
Arbeitsspeicher	keine Aussage	keine Aussage	keine Aussage	keine Aussage	keine Aussage	keine Aussage
PHP	–	Ja	Ja	Ja	Ja	Ja
Anzahl Webprojekte	unbegrenzt	unbegrenzt	unbegrenzt	unbegrenzt	unbegrenzt	unbegrenzt

Bis auf das erste Paket (Starter L), das weder PHP noch Datenbanken unterstützt, sind alle Angebote zu empfehlen. Die Laufzeiten sind hier recht variabel wählbar. Beim Starter und bei den Multi-Paketen lässt sich die SSD-Option ausschalten – das macht die Angebote günstiger, Ihre Webseite lädt so aber auch etwas langsamer.

Stiftung Warentest | Das richtige Hosting finden und einrichten

Ein Hosting einrichten

Im Folgenden soll nun gezeigt werden, wie ein Hosting eingerichtet werden kann. Dazu wählen Sie den Hoster 1&1 – jeder andere (beispielsweise einer der vorher aufgeführten) funktioniert aber ähnlich.

Paket bestellen

1 Gehen Sie zur URL https://hosting.1und1.de/webhosting und klicken beim Paket *1&1 Unlimited* auf *Weiter*. Dieses Paket ist das kleinste, bietet aber ausreichend Geschwindigkeit für die folgenden Schritte.

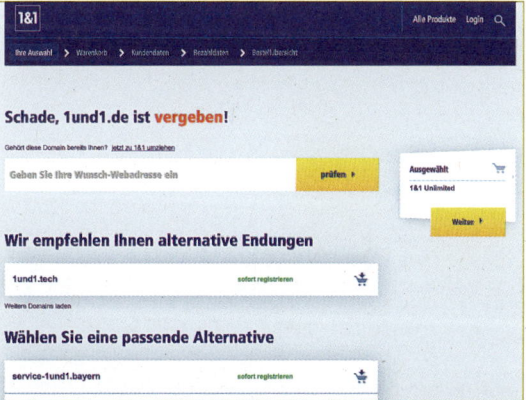

2 Im nächsten Schritt können Sie Ihre Wunschdomain angeben und überprüfen lassen, ob diese noch frei ist. Sollte sie bereits vergeben worden sein, haben Sie entweder die Möglichkeit, eine andere Top-Level-Domain anzugeben (die ggf. kostenpflichtig sein kann) oder aber mit der Domain (wenn Ihnen diese ggf. bereits gehören sollte) zu 1&1 umzuziehen. Wenn die Domain jedoch frei sein sollte, dann wird diese automatisch ausgewählt und Sie können auf der rechten Seite mit einem Klick auf *Weiter* zum nächsten Schritt übergehen.

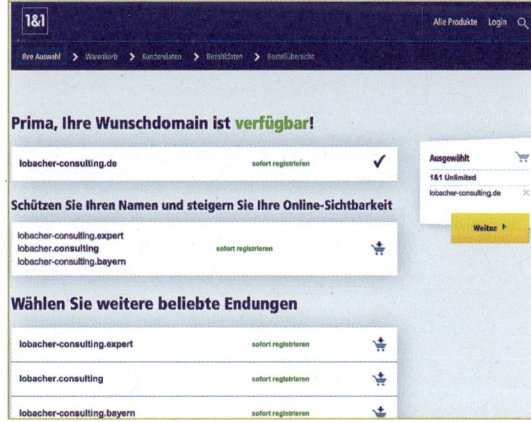

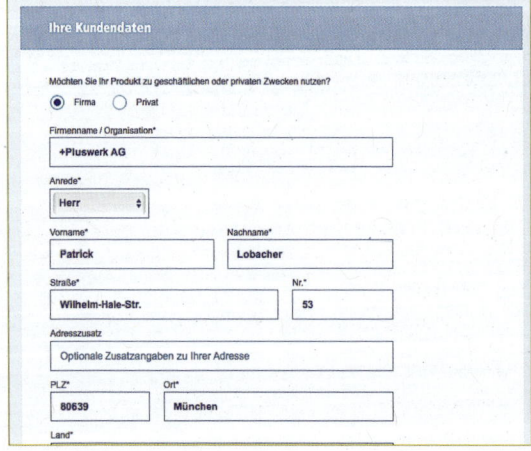

3 Nun können Sie angeben, welche Laufzeit Sie wünschen. Je länger die vertragliche Laufzeit, desto billiger wird das Hosting letztlich. Hier müssen Sie selbst entscheiden, welche Option Sie wählen wollen. Ein Klick auf *Weiter* führt Sie zum nächsten Schritt.

4 Sie erhalten die Zusammenfassung Ihrer Bestellung. Achten Sie darauf, dass Ihnen keine Zusatzpakete untergeschoben werden und Bestätigen Sie mit *Weiter*.

5 Wenn Sie bereits 1&1-Kunde sein sollten (weil z. B. Ihr Internetanschluss über 1&1 läuft), können Sie nun Ihre Zugangsdaten eingeben. Sollte dies nicht der Fall sein, klicken Sie auf die Schaltfläche *Weiter* unterhalb von *Ich möchte 1&1 Kunde werden*.

6 Geben Sie im nächsten Formular Ihre Kundendaten ein und vergeben im unteren Bereich ein Passwort. Mit einem Klick auf *Weiter zu Bezahldaten* schließen Sie diesen Schritt ab.

7 Jetzt geben Sie Ihre Bankverbindung an und klicken auf *Zur Bestellübersicht*. Hier müssen Sie ein Häkchen bei *Ich habe die Allgemeinen Geschäftsbedingungen (inkl. Widerrufsbelehrung)* *und die Vergaberichtlinien ...* setzen und unten rechts auf *Jetzt kaufen* klicken.

Nun sollten Sie etwa sechs Stunden warten, bis Sie eine E-Mail erhalten, dass Ihre Domain vollständig registriert wurde und damit erreichbar ist. Es dauert immer einige Zeit, bis neue Domains beim Domain Name Service (DNS) angemeldet wurden und damit von jedem Computer aus weltweit aufgerufen werden können.

Das 1&1 Control-Center bedienen

Jeder Hoster hat ein eigenes Onlineportal, in dem Sie Einstellungen einsehen und verändern können, die das Hosting (bzw. Ihren Vertrag) betreffen.

Bei 1&1 wird dieses Portal „Control-Center" genannt und ist unter der folgenden URL erreichbar: https://mein.1und1.de/.

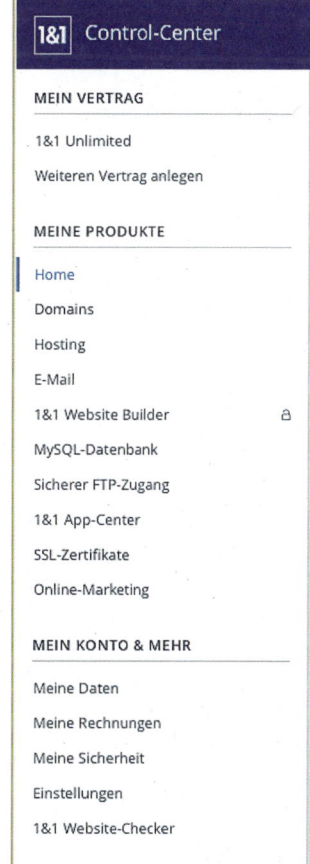

Nach der Eingabe Ihrer Zugangsdaten (kurz nach der Bestellung klappt dies sogar ohne Eingabe) befinden Sie sich mitten im Dashboard des Control-Centers.

Wenn Sie auf die verschiedenen Hauptmenüpunkte links klicken, gelangen Sie zu folgenden Funktionen, die dann auf dem Hauptbildschirm angezeigt werden:

▶ **1&1 Unlimited:** Hier sehen Sie Ihre Verträge ein, können diese wechseln oder aber auch kündigen.

▶ **Weiteren Vertrag anlegen:** Wenn Sie noch einen weiteren Vertrag benötigen, können Sie diesen hier anlegen.

▶ **Home:** Dies ist die Übersichtsseite, das Dashboard.
▶ **Domains:** Hier organisieren Sie Ihre Domains.
▶ **Hosting:** Verwalten Sie hier Ihre Hostingoptionen.
▶ **E-Mail:** Zu Ihrer Domain können Sie auch zugehörige Domains anlegen. Es wirkt seriös, wenn Ihr Absender etwa *name@ihr-domainname.de* lautet.

▶ **1&1 Website Builder:** Hier können Sie den 1&1 Website Builder aktivieren und Ihre Webseite gestalten. Dafür steht Ihnen der kostenlose 1&1 Website Builder oder der mit 4,99 Euro pro Monat kostenpflichtige 1&1 Website Builder Plus zur Verfügung.
▶ **MySQL-Datenbank:** Hier wird die Datenbank verwaltet. Eine solche Datenbank benötigen Sie im nächsten Kapitel, wenn Sie eine WordPress-Seite aufsetzen werden („Eine Webseite mit WordPress erstellen", siehe Seiten 100–129).
▶ **Sicherer FTP-Zugang:** Um Dateien vom eigenen Computer in das Hosting zu transferieren (und andersherum), verwendet man FTP, was Thema des nächsten Unterkapitels sein wird (siehe Seite 97).
▶ **1&1 App-Center:** Als Apps bezeichnet 1&1 Applikationen, die per Klick sehr einfach installiert werden können – es sind also keine Smartphone-Apps. So stehen hier WordPress, Joomla, PrestaShop, Drupal, moodle und viele andere mehr zur Verfügung.
▶ **SSL-Zertifikate:** Hier werden die SSL-Zertifikate verwaltet.
▶ **Online-Marketing:** In diesem Bereich geht es vorwiegend um die Optimierung Ihrer Webseite bei Google.

▶ **Meine Daten:** Es werden alle Daten verwaltet – persönliche Daten, Zugangsdaten, Vertragsdaten, Zahlungsdetails u. v. a. m.
▶ **Meine Rechnungen:** Sämtliche Rechnungen sind in diesem Bereich zu finden.
▶ **Meine Sicherheit:** Der Bereich enthält alle Themen rund um die Sicherheit Ihres Webauftritts.
▶ **Einstellungen:** Allgemeine Einstellungen (z. B. ob Tipps angezeigt werden sollen) sind hier vorzunehmen.
▶ **1&1 Website-Checker:** Hier verbirgt sich ein Check-up-Tool, um die Aspekte *Darstellung*, *Auffindbarkeit in Suchmaschinen*, *Sicherheit* und *Geschwindigkeit* Ihrer Webseite zu überprüfen.

Zugriff per FTP

Mit dem Hoch- bzw. Herunterladen von Dateien (auch Upload bzw. Download genannt) aktualisieren Sie Elemente Ihres Internetauftritts wie z. B. HTML-, CSS-, JavaScript-Dateien und Fotos. Um Uploads bzw. Downloads durchführen zu können, benötigen Sie ein sogenanntes FTP-Programm.

Unter den folgenden Links erhalten Sie eine Reihe von möglichen FTP-Programmen für alle Plattformen: https://www.heise.de/download/products/internet/dateitransfer, http://www.chip.de/download/38924_FTP-Clients/.

Im Folgenden wird FileZilla verwendet. Dies ist ein kostenfreies FTP-Programm, das zudem für die Plattformen Windows, macOS und Linux zur Verfügung steht und zu einem der populärsten FTP-Programme auf dem Markt zählt.

1 Laden Sie daher zunächst FileZilla unter folgender Adresse herunter: https://filezilla-project.org/download.php?type=client.

2 Anschließend lässt sich FileZilla per Klick darauf entweder installieren oder direkt starten.

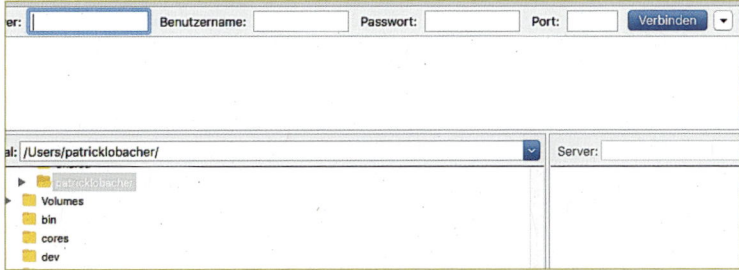

3 Nun gehen Sie zurück in das Control Panel und rufen dort den Punkt *Meine Produkte > Sicherer FTP-Zugang* auf.

4 Als Nächstes werden Sie aufgefordert, mit Klick auf die Schaltfläche *Passwort anlegen* ein Passwort für den Hauptbenutzer anzulegen, dessen Namen Sie direkt darüber finden. Nach der Eingabe

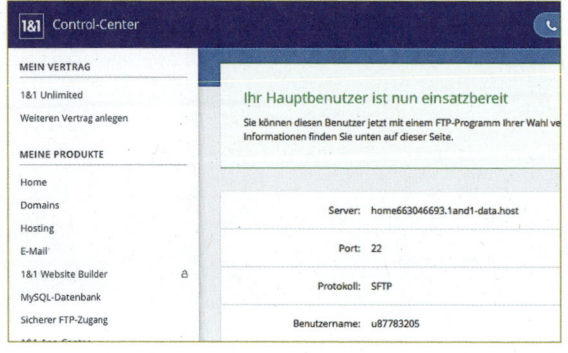

des Passworts erhalten Sie in einer Übersicht Ihre FTP-Zugangsdaten. Heben Sie diese gut auf – Sie brauchen sie beispielsweise gleich beim Einrichten des FTP-Programms.

5 Geben Sie jetzt die Zugriffsdaten (natürlich angepasst an Ihre eigenen) in die sogenannte Quick-Connect-Leiste (direkt unterhalb der Icons) ein.

▶ **Server:** home663046693.1and1-data.host
▶ **Port:** 22
▶ **Protokoll:** SFTP
▶ **Benutzername:** u87783205
▶ **Passwort:** <das zuvor vergebene>

FTP-Server nutzen

Sobald Sie auf *Verbinden* klicken, ist das FTP-Programm mit dem 1&1-Server verbunden. Auf der linken Seite sehen Sie Ihre Festplatte (lokal) und auf der rechten Seite Ihren Server (remote).

1 Erstellen Sie anschließend ein Verzeichnis auf Ihrer Festplatte (z. B. 1und1) und navigieren Sie im linken Fenster dorthin. Nun nehmen Sie im rechten Fenster die Datei „index.html" mit der Maus auf und bewegen sie per Drag-and-drop in das linke Fenster – Sie haben die Datei soeben heruntergeladen.

2 Öffnen Sie diese Datei jetzt auf der Festplatte in einem Editor Ihrer Wahl, löschen den Inhalt und schreiben dort den folgenden Text hinein: „Hier ist der Server von lobacher-online.de!"

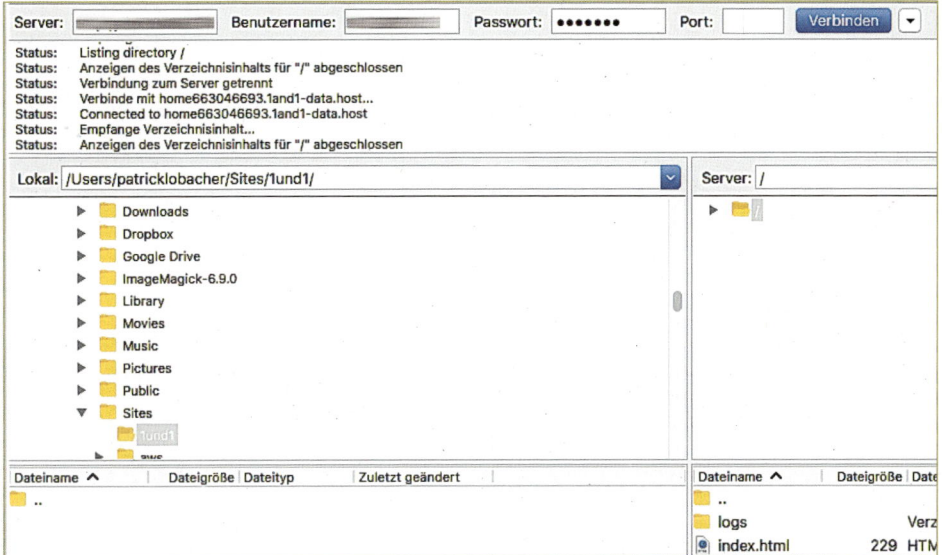

3 Wenn Sie jetzt wieder in das FTP-Programm zurückgehen und die Datei „index.html" per Drag-and-drop vom linken in das rechte Fenster bewegen, werden Sie gefragt, ob Sie die Zieldatei (die auf der rechten Seite) mit der Quelldatei (die auf der linken Seite) überschreiben wollen. Bestätigen Sie dies mit *OK*. Diesen Vorgang bezeichnet man auch als Heraufladen oder Hochladen (oder neudeutsch: Uploaden).

4 Rufen Sie Ihre Webseite im Browser auf. Im Beispiel ist dies www.lobacher-consulting.de.

5 Wenn Sie den Beispieltext sehen, haben Sie es geschafft. Nun sind Sie bereit, Ihren Server direkt anzusteuern.

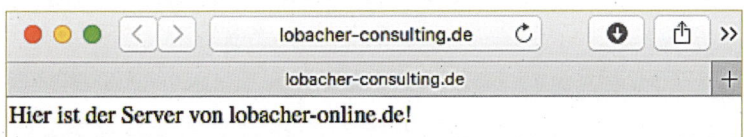

Eine Webseite mit WordPress erstellen

Über ein Viertel aller Webseiten im Internet weltweit werden mit WordPress betrieben – es lohnt sich also, sich dieses System einmal genauer anzusehen. Es handelt sich auch hier um einen Baukasten, der die Erstellung von Webseiten sehr einfach macht.

WordPress installieren

📍 **Grundsätzlich bietet nahezu jeder** Hoster die Möglichkeit, WordPress per „One-Click-Installation" zu installieren. Damit kann man meist im Control-Panel einen entsprechenden Button klicken und im Hintergrund läuft alles automatisch ab.
Führen Sie die Installation von WordPress dennoch manuell durch – allein schon, weil nicht jeder Hoster die oben genannte Möglichkeit bietet bzw. Sie vielleicht auch die vollständige Kontrolle über die Installation haben möchten.

Download von WordPress

WordPress ist ein Baukastensystem, das alle Funktionen moderner Webseiten mitbringt – mit dem Unterschied, dass Sie diese Bauklötze bis zu einem gewissen Grad selbst zusammenstellen können, wie es Ihnen gefällt. Zudem bietet WordPress eine bequeme Möglichkeiten, die Ausgabe zu kontrollieren.

Zunächst laden Sie WordPress von der folgenden Webseite herunter, indem Sie auf den blauen Button *WordPress 4.7 herunterladen* klicken: https://de.wordpress.org.
Sie erhalten nun eine ZIP-Datei mit dem Namen „wordpress.zip", die Sie auf Ihrer Festplatte so entpacken, dass Sie einen Ordner mit dem Namen „wordpress" erhalten.

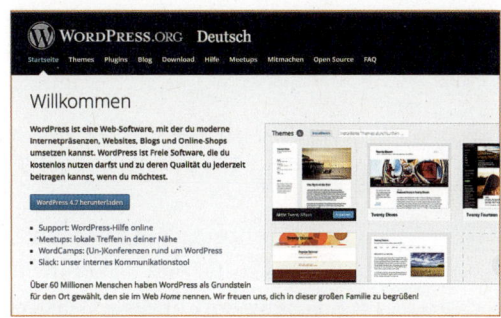

Übertragen auf den Server

Den Inhalt dieses Ordners übertragen Sie nun per FTP mit dem vorher installierten und konfigurierten FTP-Programm auf Ihren Server direkt in das Hauptverzeichnis hinein. Dazu können Sie alle Dateien auf der linken Seite markieren und diese per Drag-and-drop in das rechte Fenster bewegen. Da es sich hier um ca. 1 600 Dateien handelt, kann dies einige Minuten dauern.

WordPress wird über die Datei „index.php" gesteuert – aber meistens ist ein Webspace so eingestellt, dass die Datei „index.html" aufgerufen wird, wenn man hinter der URL keine spezifische Datei nennt. Daher müssen Sie im FTP-Programm nun die Datei „index.html" löschen, indem Sie diese im rechten Fenster markieren und mit der rechten Maustaste aus dem Menü *Löschen* auswählen.

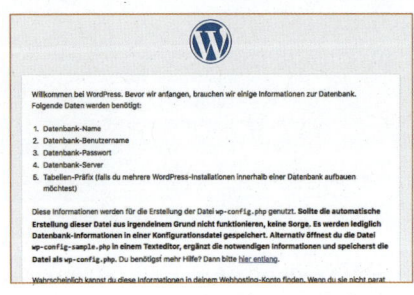

Wenn Sie nun die URL Ihres Webspaces aufrufen (hier im Beispiel: www.lobacher-consulting.de), begrüßt Sie WordPress mit dem ersten Installationsfenster.

Hier wird Ihnen vor allem mitgeteilt, dass Sie für die nächsten Schritte die Zugangsdaten für die Datenbank benötigen.

Anlegen der Datenbank

1 Öffnen Sie ein neues Fenster und gehen Sie in Ihr Hosting-Control-Center. Bei 1&1 finden Sie die Informationen im Menü *Meine Produkte > MySQL-Datenbank*. Wenn Sie einen anderen Hoster verwendet haben, konsultieren Sie am besten die dortige Onlinehilfe.

2 Hier klicken Sie auf die Schaltfläche *Neue Datenbank*, um eine neue Datenbank anzulegen.

3 Als Beschreibung der anzulegenden Datenbank wählen Sie z. B. „wordpress" und danach ein sicheres Passwort.

Anschließend erhalten Sie eine Übersicht über alle für die Datenbank notwendigen Daten.

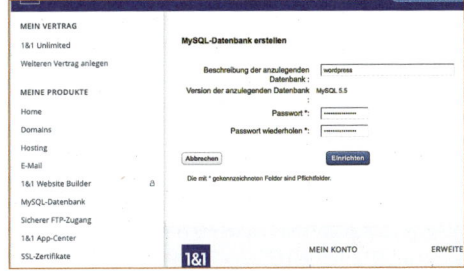 

Sie können jetzt in das Fenster mit der WordPress-Installation zurückwechseln.

WordPress-Installation durchführen

Klicken Sie links unten auf die Schaltfläche *Los geht's!* Geben Sie in der folgenden Ansicht diese Daten ein (angepasst auf Ihre eigenen):

- **Datenbankname:** db663413008
- **Hostname:** db663413008.db.1and1.com
- **Port:** 3306
- **Benutzername:** dbo663413008
- **Beschreibung:** wordpress
- **Tabellen-Präfix:** wp_

1 Klicken Sie dann auf die Schaltfläche *Senden*. In der darauffolgenden Ansicht klicken Sie auf *Installation ausführen*.

2 Jetzt können Sie den Titel der Webseite eingeben, einen Benutzernamen wählen und Ihre E-Mail-Adresse eingeben. Anschließend klicken Sie auf *WordPress installieren* links unten.

Schon haben Sie es geschafft und werden von der Administrationsoberfläche von WordPress begrüßt.

Einloggen und erste Schritte im Back-End

Immer wenn Sie die Administrationsoberfläche zur Pflege und Verwaltung Ihrer Webseite erreichen wollen, müssen Sie /admin/ hinter die URL setzen – im Falle des Beispiels also: http://www.lobacher-consulting.de/admin/.

Hier geben Sie den vorher festgelegten Benutzernamen (oder die E-Mail-Adresse) und das Passwort ein, um sich einzuloggen.

Anschließend findet man sich in der Administrationsoberfläche wieder, die auch „Back-End" genannt wird. Die Ausgabe der Webseite (die Sie im Beispiel nach wie vor unter http://www.lobacher-consulting.de finden) wird dagegen als „Front-End" bezeichnet.

Die Startseite des Back-Ends ist das sogenannte Dashboard. Hier finden Sie oben einen Link, um die Webseite anzupassen, daneben einige weitere sinnvolle Links, darunter (*Auf einen Blick*) eine Statistik über die bisher angelegten Elemente (so gibt es beispielsweise schon 1 Beitrag, 1 Seite und 1 Kommentar). Und darunter (unter *Aktivität*) eine Auflistung der letzten Aktivitäten und Kommentare.

Welche Details hier angezeigt werden, kann rechts oben unter *Ansicht anpassen* eingestellt werden – hier kann man bestimmte Bereiche ein- oder ausblenden.

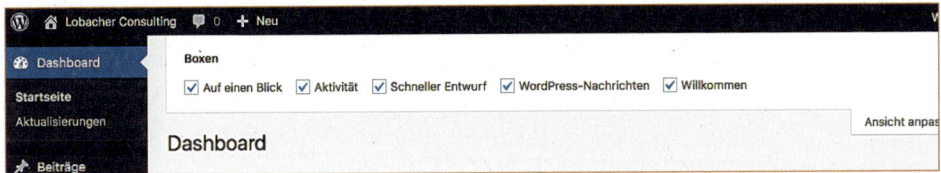

Grundsätzlich gliedert sich das Back-End in drei Bereiche. Oben befindet sich die sogenannte Toolbar oder auch Werkzeugleiste. Das Menü links wird als „Admin Sidebar" bezeichnet (oder kurz als „Menü") und der restliche Bereich als „Hauptbereich" – hier werden alle Eingaben gemacht.

Toolbar / Werkzeugleiste

Wenn man nun in der Werkzeugleiste ganz links auf das *WordPress-Logo* klickt, erhält man die folgenden Funktionen:

▶ **Über WordPress:** Hier können Sie ein Video und viele weitere Informationen über die Neuerungen in WordPress ansehen.

▶ **WordPress.org:** Das ist die offizielle Webseite von WordPress, zu der Sie gelangen, wenn Sie diesen Punkt auswählen.

▶ **Dokumentation:** Hier erhalten Sie die offizielle Dokumentation von WordPress auf dem Server http://codex.wordpress.org. Wenn Sie dort etwas nach unten scrollen, können Sie die Dokumentation auch auf Deutsch einsehen, indem Sie den zugehörigen Link unter *Languages* klicken.

▶ **Support-Foren:** Dahinter versteckt sich die WordPress-Community, bei der Sie Hilfe zu allen Fragen bekommen.

▶ **Feedback:** Hier können Sie Ihre Meinung zu WordPress loswerden.

Gleich rechts neben dem WordPress-Logo findet sich ein Icon mit einem Haus und daneben der Name der Webseite. Sobald Sie hier einmal klicken, gelangen Sie zum Front-End und sehen Ihre Webseite, wie alle Besucher sie sehen. Im Front-End aber wird die Werkzeugleiste zusätzlich für Sie eingeblendet (da Sie eingeloggt sind) –

die Besucher sehen diese selbstverständlich nicht. Wenn Sie dann ebenfalls auf den Link klicken, gelangen Sie wieder ins Back-End. Rechts daneben finden Sie erst das Icon zum Ansehen der Kommentare. Daneben gibt es die Möglichkeit, schnell Beiträge, Dateien, Seiten oder Benutzer anzulegen.
Ganz rechts wiederum können Sie Ihre persönlichen Daten ändern oder sich – nach getaner Arbeit – ausloggen.

Menü

Das Menü auf der linken Seite gliedert sich in verschiedene Kategorien – je nachdem, was man verwalten möchte. Dabei kann sich das Menü sogar ändern, wenn man beispielsweise weitere Plug-ins (das sind Erweiterungen) installiert hat oder das Menü direkt anpasst und etwa wenig benutzte Funktionen ausblendet.

▶ **Dashboard**

Hier findet sich einerseits das eben erwähnte Dashboard (als Untermenüpunkt *Startseite*) und andererseits die Aktualisierungsseite (als Untermenüpunkt *Aktualisierungen*). Denn alle Komponenten des Systems – also sowohl WordPress selbst, wie auch Plug-ins (Erweiterungen), Themes (das sind die Layouts), Übersetzungen und Ähnliches – sind versioniert, d. h., sobald sich in einem der Komponenten eine Änderung ergibt, erscheint eine neue Version.
Sobald eine Version veraltet ist, signalisiert WordPress dies mit einem Hinweis im Dashboard und auch in der oberen Werkzeugleiste.

▶ **Beiträge**

Grundsätzlich unterscheidet man in WordPress zwischen Seiten und Beiträgen. Beiträge sind die von einem Autor geschriebenen und zu einem bestimmten Zeitpunkt veröffentlichten Texte. So kann man beispielsweise eine chronologische Liste der Einträge anzeigen lassen, die meist den neuesten Eintrag ganz oben positioniert.
In diesem Menü kann man die Beiträge anzeigen, einen neuen erstellen, zugehörige Kategorien und sogenannte Tags (Kennzeichnungen) verwalten.

▶ **Medien**

Dahinter verbirgt sich die Medienverwaltung – d. h., es werden Bilder und Videos verwaltet.

▶ **Seiten**

Hier werden die Seiten verwaltet. Im Unterschied zu den Beiträgen hat jede Seite nur genau einen Beitrag, dessen Publikationsdatum auch (per Voreinstellungen) nicht genannt wird. Seiten kann man immer dann verwenden, wenn man statische Inhalte (wie ein Impressum oder ein Kontaktformular) publizieren möchte.

▶ **Kommentare**

WordPress besitzt eine Funktion, mit der man Beiträge kommentieren kann. Benutzt man diese Funktion, dann kann man unter diesem Menüpunkt alle Kommentare einsehen, genehmigen oder aber auch wieder löschen.

▶ **Design**

An dieser Stelle befinden sich alle Funktionen zur Anpassung des Designs der Webseite. Per Default (Voreinstellung) hat WordPress schon ein Standarddesign hinterlegt, das hier angepasst werden kann. Später werden Sie auch ein neues Design an diese Stelle laden.

▶ **Plug-ins**

Plug-ins sind Erweiterungen, die das WordPress-System mit zusätzlicher Funktionalität ausstatten. Zwei Plug-ins werden bereits mitgeliefert, diese sind aber noch nicht aktiviert und damit noch nicht funktionsfähig. In einem späteren Kapitel („Plug-ins", siehe Seiten 125–127) werden Sie sich noch ausführlich mit Plug-ins vertraut machen.

▶ **Benutzer**

WordPress ist ein benutzerzentriertes System – d. h., es kann verschiedene Benutzer geben, die dann auch verschiedene Rechte im System haben. So ist der von Ihnen erstellte Admin-User derjenige mit den meisten Rechten. Sie können nun aber weitere Benutzer anlegen, die beispielsweise nur Artikel schreiben oder kommentieren dürfen.

► **Werkzeuge**

Eventuelle Werkzeuge, aber vor allem der Import und Export Ihrer Daten sind in diesem Menü zu finden.

► **Einstellungen**

Hier legen Sie grundlegende Einstellungen zu Ihren Beiträgen, Medien, Diskussionen, Permalinks etc. fest.

Erste Änderungen an der Webseite vornehmen

Wenn Sie die Webseite im Front-End ansehen, sieht diese bereits recht ansprechend aus.

So gibt es ein großes Titelbild, am unteren Ende der Webseite stehen ein Titel und ein Untertitel, und wenn Sie nach unten scrollen, gibt es sogar einen ersten Beitrag. Was allerdings fehlt, ist beispielsweise ein Menü oder ein Logo.

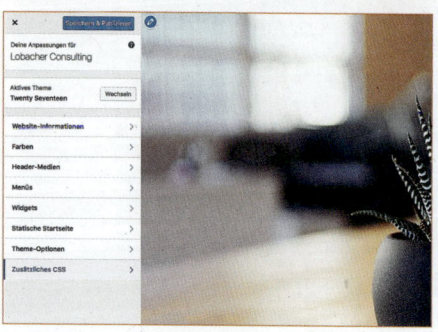

Der Customizer

Einige Grundeinstellungen der Webseite (wie beispielsweise Hintergrundbild, Logo u. Ä.) können Sie über den sogenannten Customizer ändern. Sie erreichen diesen im Front-End, indem Sie in der oberen Werkzeugleiste auf den Link *Customizer* klicken oder im Back-End im Seitenleisten-Menü auf *Design > Customizer*.

Klicken Sie nun zuerst auf die blaue Schaltfläche am oberen Rand mit der Aufschrift *Speichern & Publizieren*, denn von WordPress wurden bereits einzelne Artikel und ein Menü vorbereitet – aber noch nicht publiziert. Dies bedeutet, dass die Inhalte zwar im Back-End sichtbar sind, nicht aber im Front-End. Nach der Publikation werden die Änderungen auch im Front-End sichtbar.

▶ **Website-Informationen**

Weiter geht es im linken Menü mit den Website-Informationen. Hier können Sie das *Logo* auswählen, indem Sie auf die gleichnamige Schaltfläche klicken und das Logo per Drag-and-drop ins erscheinende Fenster ziehen. Durch Klick auf *Auswählen* in der rechten unteren Ecke übernehmen Sie das Logo und haben im nächsten Schritt noch die Möglichkeit, dieses zu beschneiden.

Zusätzlich können Sie nun auch den Titel sowie den Untertitel anpassen und angeben, ob diese beiden Informationen überhaupt auf der Website angezeigt werden sollen. Das Website-Icon können Sie an dieser Stelle zunächst ignorieren.

Sobald Sie Veränderungen vorgenommen haben, müssen Sie diese erneut über die Schaltfläche *Speichern & Publizieren* online stellen.

Um zum Menü zurückzukommen, klicken Sie auf das <-Symbol links oben.

▶ **Farben**

Unter diesem Menüpunkt können Sie einerseits aus den drei vorbereiten Farbschemata wählen und andererseits die Textfarbe für den Header auswählen.

▶ **Header-Medien**

Hier ändern Sie das auf der Startseite eingestellte Hintergrundbild. Dazu können Sie entweder das Bild komplett deaktivieren (mit Klick auf die Schaltfläche *Bild ausblenden*) oder mit dem Heraufladen eines neuen Bildes (per *Neues Bild hinzufügen*) ersetzen.

Weiterhin ist es auch möglich, anstelle eines Bildes ein Video als Header-Element zu verwenden.

▶ **Menüs**

Im Standard-Template werden zwei Menüs verwendet – einerseits ein Menü aller erreichbaren Seiten (dies wird *Oberes Menü* genannt) und andererseits ein Menü mit Links auf die Social-Media-Profile ganz unten (dieses wird *Social-Links-Menü* genannt). Hier kann man insbesondere neue Seiten anlegen, bestehende im Menü anders anordnen oder auch Seiten umbenennen.

▶ **Widgets**

Widgets sind eigenständige Inhaltsabschnitte. Widgets können in vorgesehenen Bereichen platziert werden, die vom Layout (auch „Theme" genannt) zur Verfügung gestellt werden (üblicherweise „Seitenleiste" genannt).

▶ **Statische Startseite**

Hier kann man einstellen, ob die Startseite die letzten Beiträge anzeigen lassen soll oder als statische Seite agiert. Letzteres stellt den Standard dar und ist somit voreingestellt.

▶ **Theme-Optionen**

In diesem Bereich kann geregelt werden, ob das Layout beispielsweise nur eine Spalte aufweist oder gar zwei. Zudem kann hier festgelegt werden, welche Abschnitte (auch „Startseitenabschnitte" genannt) eingeblendet werden. Für einen Startseitenabschnitt werden Inhalte aus einer existierenden Seite auf der Startseite angezeigt. Die Veränderung dieser Inhalte muss dann natürlich auf den zugehörigen Seiten erfolgen.

▶ **Zusätzliches CSS**

Es kann vorkommen, dass man das mitgelieferte CSS individuell anpassen möchte. Dafür kann man hier einen eigenen Code einbringen, der dann entsprechend ausgeführt wird. Wie CSS aufgebaut ist, erfahren Sie im Abschnitt „Einführung in CSS" (siehe Seiten 147–150).

Adresse verändern

Wenn Sie auf der Webseite nach unten scrollen, stellen Sie fest, dass dort eine Adresse angegeben wird. Diese sollen Sie nun auf Ihre eigene anpassen. Dazu klicken Sie auf den *Stift* direkt neben *Hier findest du uns*.

Auf der rechten Seite können Sie nun die Adresse anpassen. Beachten Sie, dass hier eine direkte HTML-Eingabe erforderlich ist. Wie genau HTML aufgebaut ist, lernen Sie im Abschnitt „Das kleine Einmaleins des Markups (HTML/CSS)" (siehe Seiten 138–147) – Sie können entweder kurz vorspringen und dann wieder zurückkommen oder aber lediglich den Text selbst ändern, ohne das HTML anzupassen.

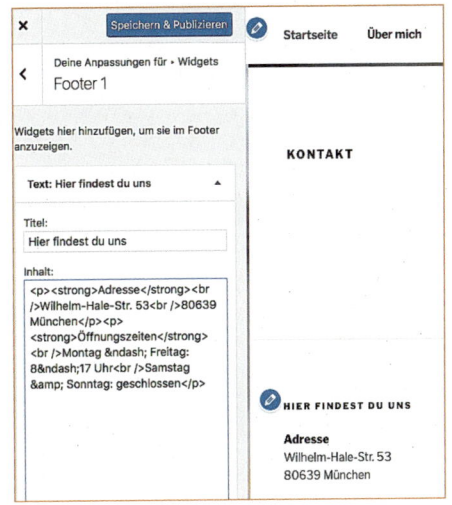

Social Links anpassen

Ähnlich gehen Sie bei den Social Links am unteren Ende der Seite vor. Klicken Sie auf das *Stift*-Symbol direkt davor – Sie landen im Anpassungsdialog der Menüs. Nun klicken Sie auf *Menü bearbeiten* direkt unter der Auswahlbox *Social-Links-Menü*.

Nun können Sie jeden der Links anklicken und die Eigenschaften bearbeiten. Wollen Sie den Link löschen, können Sie das direkt am Ende des aufgeklappten Bereichs mit *Entfernen* erledigen.

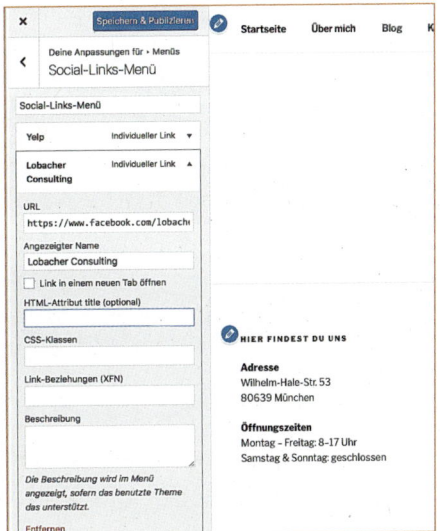

Einen Beitrag schreiben und veröffentlichen

1 Um Beiträge zu schreiben, gehen Sie zunächst ins Back-End. Wenn Sie sich noch im Customizer befinden, können Sie nun (nach der Publikation) links oben auf das *X* zum Schließen klicken.

2 Gehen Sie nun im linken Menü zu *Beiträge > Alle Beiträge*.

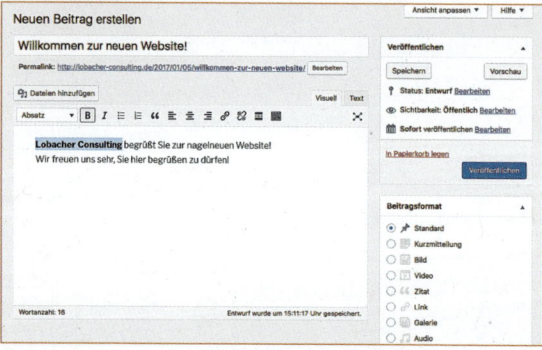

3 Hier ist der Demo-Beitrag zu sehen, den Sie löschen können, indem Sie über den Titel fahren. Dann erscheint ein Menü, aus dem Sie den Menüpunkt *Löschen* auswählen.

4 Über einen Klick auf die Schaltfläche *Erstellen* (gleich rechts neben der Überschrift *Beiträge*) können Sie nun einen neuen Beitrag erstellen.

5 Zuerst vergeben Sie eine aussagekräftige Überschrift.

6 Nun geht es an den Inhalt Ihres Beitrags. Im Textbearbeitungsfeld können Sie auch zahlreiche Auszeichnungen verwenden, wie Sie es eventuell von Word oder einer anderer Textverarbeitung gewohnt sind. So können Sie Absätze und Überschriftentypen auszeichnen, Text hervorheben, kursivieren, Listen erstellen, Zitate einbringen, die Textflussrichtung bestimmen und Links auszeich-

nen. Über das letzte Symbol (*Werkzeugleiste umschalten*) erhalten Sie weitere Funktionen.

Den Beitrag veröffentlichen

In der rechten Spalte finden Sie zuoberst den Abschnitt *Veröffentlichen*. Sie haben dort folgende Möglichkeiten:

▶ **Speichern:** Damit können Sie den Beitrag abspeichern und direkt daneben über *Vorschau* auch ansehen. Für Besucher ist der Beitrag aber so lange nicht sichtbar, bis Sie auf die blaue Schaltfläche *Veröffentlichen* klicken.

▶ **Beitragsformat:** Hier legen Sie fest, welchem Grundformat der Beitrag folgen soll. Der Standard ist der normale Beitrag, Sie können hier aber auch Kurzmitteilung, Bild, Video oder weitere wählen.

▶ **Kategorien:** Wenn Sie Ihren Beitrag kategorisieren wollen, können Sie hier eine (oder mehrere) zuordnen bzw. auch eine anlegen. Hier können Sie eine neue Kategorie mittels *+ Neue Kategorie erstellen* anlegen, der Sie den Namen *Intern* geben.

Darunter finden Sie noch Tags (Kennzeichnungen) und darunter schließlich die Möglichkeit, ein Beitragsbild festzulegen.

Klicken Sie nun oben auf *Veröffentlichen*.

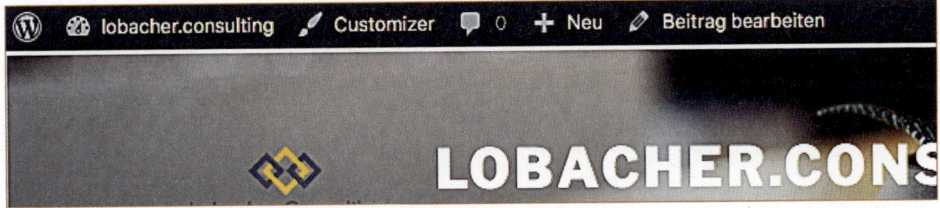

Direkt unter der Seitenüberschrift *Beitrag bearbeiten* erscheint nun ein Link *Beitrag veröffentlicht. Beitrag ansehen* – klicken Sie hierauf, um sich Ihren Beitrag so anzusehen, wie ihn auch Besucher Ihrer Webseite sehen würden.

Seiten verwalten und eine neue Seite hinzufügen

Nach der Einrichtung werden zunächst vier Seiten angelegt:
① **Startseite:** Diese Seiten sehen Besucher zuerst.
② **Über mich:** Informationen über Sie sowie das Impressum.
③ **Blog:** Der Ort, an dem sich bald Ihre Inhalte befinden werden.
④ **Kontakt:** Ihre Kontaktinformationen – wenn Sie mögen.

Seiten verwalten

Klicken Sie im Administrationsbereich von WordPress links auf den Menüpunkt *Seiten*. So gelangen Sie direkt in die Seitenverwaltung. Sie sehen eine Übersicht über alle Seiten und Seitenabschnitte.

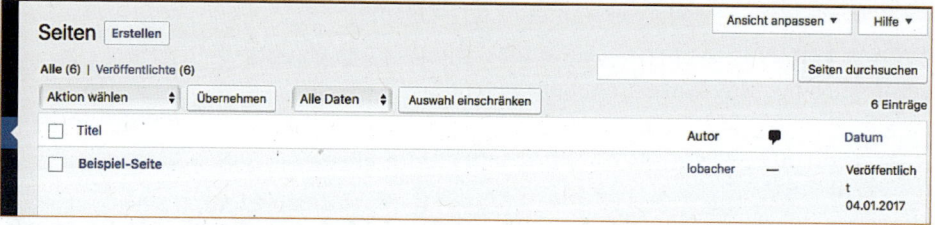

Sobald Sie mit der Maus über eine der Seiten fahren, taucht ein neues Menü auf, das die folgenden Funktionen ermöglicht:
▶ **Bearbeiten:** Damit öffnen Sie eine neue Ansicht der Seite, in der Sie alle Daten der Seite (wie Name, URL u. a.) ändern können.
▶ **QuickEdit:** Über diese Funktion können Sie einige der Daten (wie z. B. den Namen) innerhalb der Seitenverwaltung aufrufen, ohne die Seite verlassen zu müssen.
▶ **Löschen:** Damit wird die zugehörige Seite gelöscht.
▶ **Anschauen:** Hier können Sie direkt in die Front-End-Ansicht der Webseite wechseln und somit die Ausgabe direkt betrachten.

Klicken Sie nun auf der Seite *Startseite* auf *QuickEdit* – es öffnet sich ein kleines Formular, in dem Sie nun die Seite von *Startseite* in Home umbenennen. Gleichzeitig können Sie auch den zugehörigen URL-Pfad (hier „Titelform" genannt) in „home" ändern. Über einen Klick auf den Button *Aktualisieren* speichern Sie die geänderten Informationen ab.

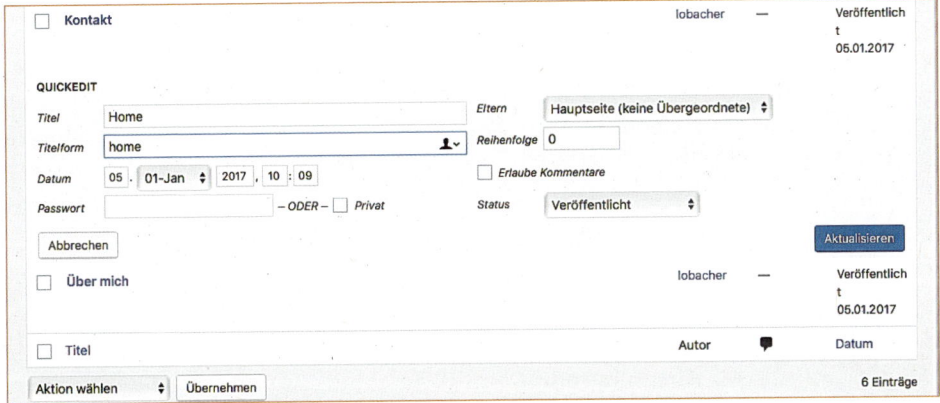

Wenn Sie auf *Anschauen* klicken, sehen Sie im Menü, dass die Seite dort nun als *Home* angezeigt wird.

Klicken Sie jetzt auf den Menüpunkt *Seite bearbeiten*, können Sie zudem den Text auf der Startseite ändern. Dazu steht Ihnen ein komfortabler Editor zur Verfügung, mit dem Sie die wichtigsten Auszeichnungen – ähnlich einem Textverwaltungsprogramm wie Microsoft Word – einbringen können. Sie haben die Möglichkeit, beispielsweise einen Text zu schreiben, diesen zu markieren und per Klick auf den Button *B* fett auszuzeichnen. Durch einen Klick auf *Aktualisieren* wird dieser gespeichert.

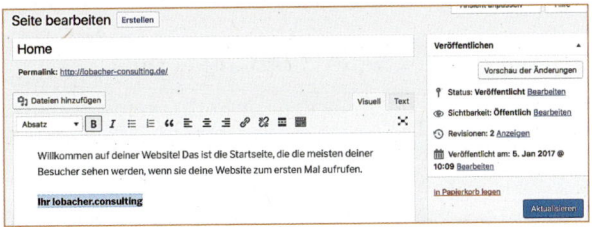

Folgende Funktionen stehen Ihnen – von links nach rechts – zur Verfügung:

▶ **Durch das Drop-down-Menü** können Sie wählen, wie der markierte Text ausgezeichnet wird. Hier gibt es die Möglichkeit, den Text als Absatz zu kennzeichnen (das ist die Standardeinstellung) oder Sie wählen eine der sechs möglichen Überschriften (Überschrift 1 ist die größte und Überschrift 6 die kleinste) oder aber Sie zeichnen den Text als „Vorformatiert" aus, was bedeutet, dass alle Buchstaben dieselbe Breite haben.

▶ **B** zeichnet den Text fett aus.

▶ **I** wiederum führt dazu, dass der Text kursiv dargestellt wird.

▶ **Die nächsten beiden Schaltflächen** führen zu Listen – die erste zu einer Bullet-Liste (ungeordnete Liste) und die zweite zu einer formatierten Liste.

▶ **Über das Anführungszeichen-Symbol** fügen Sie ein Zitat ein.

▶ **Die nächsten drei Symbole** führen dazu, dass der Text entweder linksbündig, mittig oder rechtsbündig dargestellt wird.

▶ **Anschließend kommt das Link-Symbol,** mit dem Sie einen Hyperlink einfügen können.

▶ **Einen eventuell vorhandenen Link** entfernen Sie mit der folgenden Schaltfläche.

▶ **Haben Sie sehr viel Text** auf Ihrer Seite, können Sie mit dem Symbol *Weiterlesen-Tag einfügen* eine Markierung einfügen, nach der im Front-End ein Link erscheint, durch den Sie den nachfolgenden Text auf der nächsten Seite weiterlesen können.

▶ **Das letzte Symbol** sorgt dafür, dass weitere Funktionen angezeigt werden.

Neue Seite anlegen

Um eine neue Seite anzulegen, haben Sie zwei Möglichkeiten: Im linken Menü können Sie entweder direkt den Menüpunkt *Seiten > Erstellen* wählen oder aber Sie klicken oben rechts neben dem Seitentitel auf die Schaltfläche *Erstellen*.

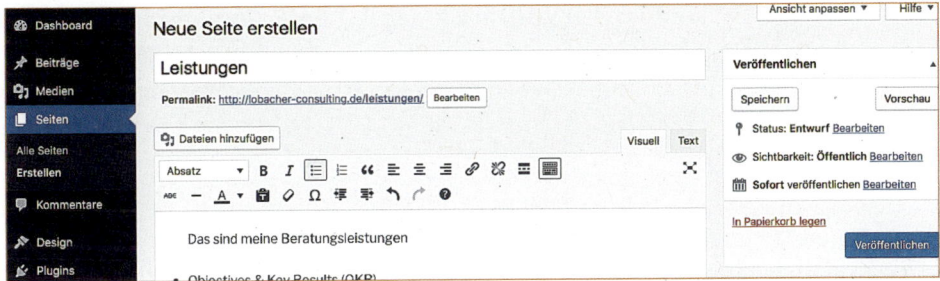

Die neue Seite soll den Namen „Leistungen" tragen. Anschließend können Sie im Editor bereits Inhalte für die Seite eintragen. Wenn Sie nun auf *Veröffentlichen* klicken, wird die Seite abgespeichert. Direkt nach der Veröffentlichung sehen Sie oben den Link *Seite veröffentlicht. Seite anzeigen*. Folgen Sie dem Link, können Sie die Seite im Front-End betrachten.

Neue Seite ins Menü integrieren

Allerdings fehlt noch etwas ganz Entscheidendes – die Seite taucht noch nicht im Menü auf. Die neue Seite muss also erst noch in das Menü integriert werden.

Die dafür zuständige Funktion versteckt sich im Menü links unter *Design > Menüs*. Folgende Bereiche erwarten Sie dort:

▶ **Verwalten mit Live-Vorschau:** Hier kommen Sie direkt in den Customizer und können das Menü im Front-End bearbeiten, was grundsätzlich etwas intuitiver ist.

▶ **Menüs bearbeiten:** Dies ist die Standardansicht, über die sich die Einträge eines Menüs bearbeiten lassen.

▶ **Positionen verwalten:** Hier verwalten Sie die Positionen der Menüs an sich.

▶ **Wähle ein Menü zum Bearbeiten:** Unsere Beispiel-Seite hat zwei Menüs – das sogenannte Obere Menü (also das Hauptmenü) und ganz unten ein Social-Links-Menü, das die Links zu den Social-Media-Profilen enthält.

▶ **Seiten:** Hier werden alle angelegten Seiten aufgelistet.
▶ **Menüstruktur:** Dort werden alle Seiten eines Menüs in der Reihenfolge aufgelistet, in der sie auch im Menü angezeigt werden.

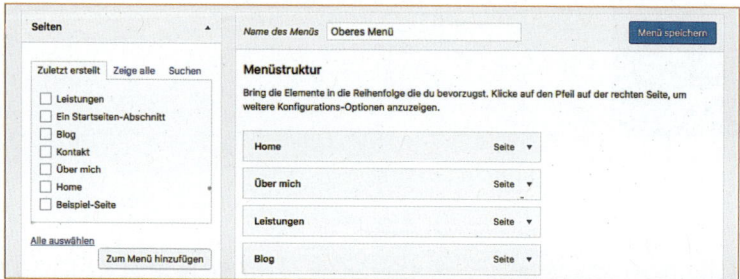

Um die neue Seite nun zum Menü hinzuzufügen, wählen Sie diese links unter *Seiten* aus und klicken auf die Schaltfläche *Zum Menü hinzufügen*. Die Seite wird nun im Menü ans Ende gestellt. Per Drag-and-drop können Sie nun die Seite an die von Ihnen gewünschte Position verschieben. Anschließend müssen Sie das Menü mittels *Menü speichern* noch sichern. Im Front-End erscheint die Seite jetzt wie gewünscht im Menü.

Fotos online stellen

Nahezu jede Internetseite beinhaltet Fotos. Daher werden Sie nun die Möglichkeiten kennenlernen, die WordPress Ihnen bietet, um Fotos zu verwalten (siehe auch „Rechtliches zu Fotos", S. 170).

Mediathek

Medien (wie Fotos oder Videos) werden in der sogenannten *Mediathek* verwaltet, die Sie im linken Menü unter dem gleichnamigen

Menüpunkt finden. Hier wechseln Sie zunächst in die Medien-Übersicht, die alle Medien mithilfe von Vorschaubildern auflistet. Über die Kontrollelemente oberhalb der Medien können Sie die dort angezeigte Auswahl einschränken. Das linke Symbol listet deutlich mehr Informationen zu den Medien auf – allerdings auch mit einem deutlich kleineren Vorschaubild. Das Symbol rechts daneben (die Standardeinstellung) wiederum zeigt die Bilder als Raster an.

Über den weiteren Auswahlfilter *Alle Medien* kann eingestellt werden, welcher Typ angezeigt werden soll – also ob etwa nur Bilder oder nur Videos in der Ansicht dargestellt werden sollen. Die Auswahl rechts daneben *Alle Daten* lässt die Ansicht auf einen einzelnen Monat einschränken, indem nur noch Medien angezeigt werden, die in diesem Monat erstellt wurden. Mit *Auswahl einschränken* schließlich aktiviert man den Filter.

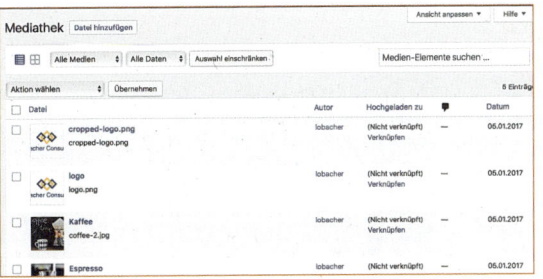

Ganz rechts wiederum befindet sich die Suche *Medien-Elemente suchen ...*, mit deren Hilfe Sie beispielsweise Medien finden, deren Dateinamen Sie kennen.

Klickt man auf eines der Medien (oder wählt *Bearbeiten* aus dem erscheinenden Untermenü, wenn man mit der Maus über die Medien fährt), so erscheint die Detailansicht des Mediums.

Hier können Sie eine Beschriftung, einen alternativen Text (falls das Bild nicht angezeigt werden kann) und eine Beschreibung hinterlegen.

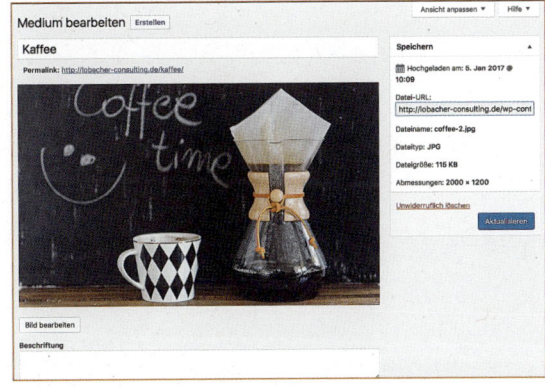

Fotos hinzufügen

Das Hinzufügen von Fotos ist in WordPress recht einfach umzusetzen. Gehen Sie hierzu wieder in die Mediathek. Oben direkt rechts neben der Überschrift finden Sie den Link *Datei hinzufügen* – klicken Sie diesen an.

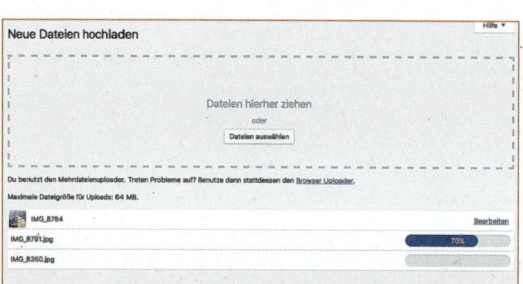

Nun können Sie das von Ihnen gewünschte Bild (oder gar mehrere) per Drag-and-drop von Ihrem Computer auf die Fläche ziehen, die von einer gestrichelten Linie gesäumt ist (siehe auch „Plug-ins installieren", S. 126).

Um nun eines der Fotos in die Webseite einzufügen, gehen Sie wie folgt vor:

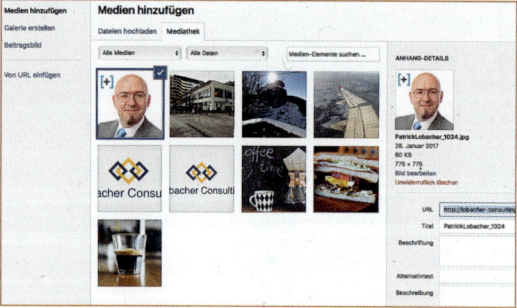

1 Wechseln Sie im Menü links auf *Seiten* und bearbeiten anschließend die Seite *Über mich*.

2 Klicken Sie auf die Schaltfläche *Dateien hochladen*.

3 Die Mediathek öffnet sich. Wählen Sie hier das Bild (bzw. die Bilder) aus, das Sie einfügen wollen.

4 Mit Klick auf die Schaltfläche unten rechts *In die Seite einfügen* wird das Fenster wieder geschlossen und das Bild taucht in der Editorfläche auf.

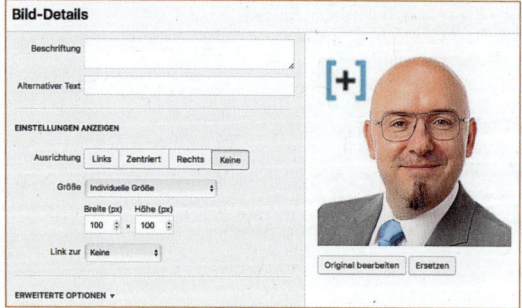

5 Sie können das Bild nun anklicken und per Drag-and-drop an eine andere Stelle verschieben.

6 Wenn Sie z. B. die Größe verändern wollen, klicken Sie das Bild an und wählen das *Stift*-Symbol, um sich die Metadaten anzeigen zu lassen. Dort können Sie dann Breite und Höhe verändern. Über *Aktualisieren* wird die Ansicht geschlossen.

7 Per Klick auf *Aktualisieren* wird schließlich die Seite gespeichert, und das Bild erscheint im Front-End an der gewünschten Stelle.

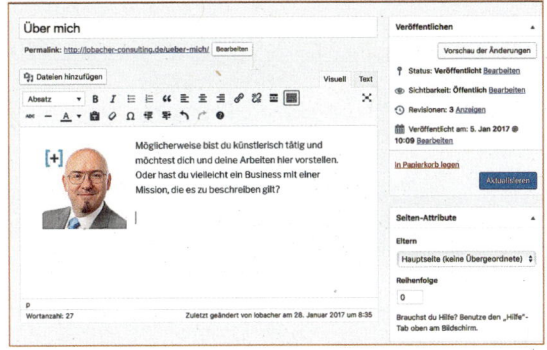

Videos einbinden

Oftmals will man nicht nur Bilder in die Webseite einbinden, sondern gleich ein ganzes Video. Auch dies ist mit WordPress relativ einfach realisierbar – zumindest wenn Sie ein Video wählen, das es bereits im Internet gibt, beispielsweise bei YouTube.

Dies ist sogar besonders ratsam, da Videos auf dem eigenen Server nicht nur viel Speicherplatz belegen – beim Abrufen der Webseite wird auch sehr viel Traffic verbraucht und Ihr Hosting-Paket kommt so eventuell schnell an seine Grenzen. Wenn Sie ein Video bei YouTube einbinden, werden Speicherplatz und Traffic bei YouTube belegt bzw. verbraucht. Gleichzeitig übernimmt YouTube kleine Services wie einen Zähler der Besucherzahlen, die Kommentarfunktion und Weiterempfehlungen des Videos in der Randspalte. Wenn Sie bei YouTube einen kostenlosen Benutzeraccount anlegen, können Sie zudem Ihre eigenen Handyvideos (oder professioneller produzierte) auf dessen Server laden und dann ins WordPress einbinden.

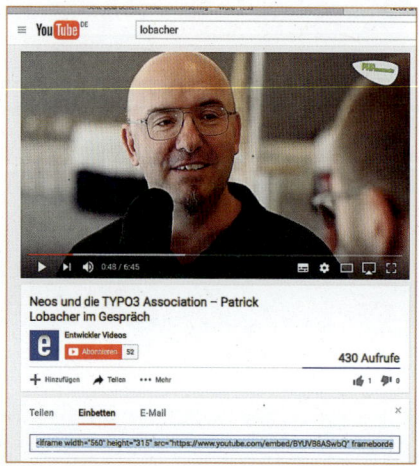

Videos von YouTube einbinden

1 Gehen Sie zunächst zur Plattform YouTube unter http://www.youtube.com und legen Sie sich gegebenenfalls ein Konto an, indem Sie oben rechts auf *Anmelden* klicken und den Anweisungen folgen.

2 Wählen Sie nun ein Video aus, das Sie einbinden möchten. Klicken Sie auf den Link *Teilen* und wählen anschließend den Reiter *Einbetten* aus. Nun erscheint direkt darunter ein Code, den Sie kopieren.

3 Zurück im WordPress gehen Sie zur Seite *Über mich* in den Bearbeitungsmodus. Oberhalb des Editors an der rechten Seite befinden sich zwei Reiter, *Visuell* (in diesem befinden Sie sich standardmäßig) und *Text* – wechseln Sie in Letzteren.

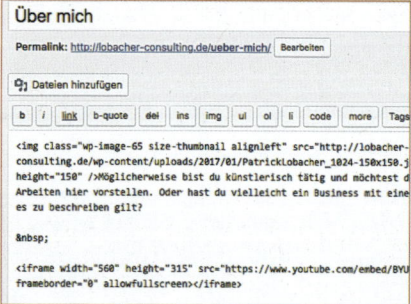
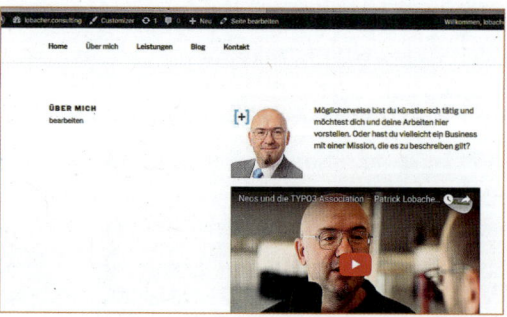

4 Nun sehen Sie den HTML-Code des Abschnitts. Kopieren Sie jetzt den vorher erhaltenen Code ans Ende des HTML-Codes.

5 Klicken Sie auf *Aktualisieren* und betrachten die Seite im Front-End – das Video befindet sich nun am Ende des Textes.

Die Einstellungen von WordPress

WordPress lässt sich relativ umfangreich konfigurieren und damit an die eigenen Bedürfnisse anpassen. Die meisten Einstellungen befinden sich im Admin-Bereich im linken Menü unter *Einstellungen* – sehen Sie nachfolgend die wichtigsten, die sie kennen sollten.

Allgemein

Hier werden unter anderem folgende Einstellungen getroffen:
- **Titel der Website:** Wie Sie Ihre Webseite nennen.
- **Untertitel:** Ein eventueller Zusatz zum Titel.
- **WordPress-Adresse:** Falls diese von der Webadresse abweicht.
- **Website-Adresse:** Ihre http-Webadresse.
- **E-Mail-Adresse:** Adresse für alle administrativen E-Mails.
- **Mitgliedschaft:** Einstellung, ob man sich registrieren kann, um einen Zugang zur Verwaltungsoberfläche von WordPress zu erhalten.
- **Standardrolle:** Abonnent empfiehlt sich.
- **Zeitzone:** Alle Zeitstempel werden mit dieser Zeitzone versehen.
- **Sprache der Webseite:** Wenn Sie das Back-End- und die Front-End-Ausgaben von WordPress-Meldungen in einer anderen Sprache anzeigen lassen wollen, ist die Einstellung dazu hier möglich.

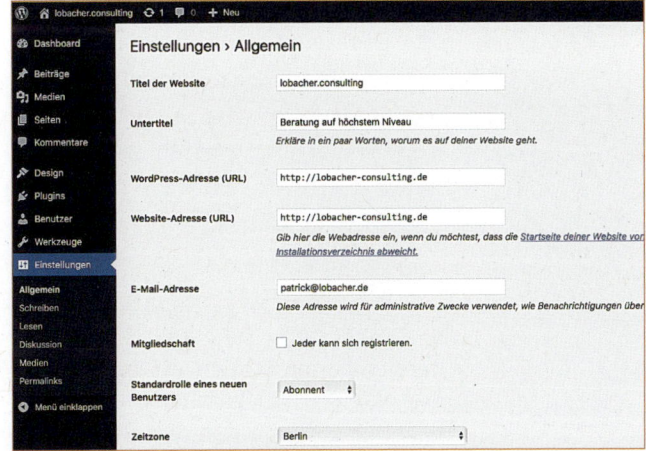

Schreiben

In diesem Bereich können unter anderem folgende Einstellungen getroffen werden, die das Schreiben beeinflussen:
▶ **Standard-Beitragskategorie:** Sie können grundsätzlich verschiedene Kategorien anlegen und diesen Beiträge zuordnen. Die Standardeinstellung für diese Zuordnung kann hier getroffen werden.
▶ **Standard-Beitragsformat:** Ein Beitrag kann verschiedene Formate haben, wie Text, Bild, Video, Galerie, Link oder andere. Hier können Sie entscheiden, welchem Format ein Beitrag im Standard entsprechen soll.
▶ **Via-E-Mail schreiben:** Es ist mit WordPress möglich, eine Einstellung zu schalten, die bewirkt, dass eine E-Mail an eine bestimmte Adresse automatisch als neuer Beitrag für das System betrachtet wird.

Lesen

Hier werden Einstellungen vorgenommen, die sich auf das Lesen auswirken – beispielsweise:
▶ **Startseite zeigt:** An dieser Stelle kann man wählen, ob die Startseite die letzten Beiträge aus dem Blog anzeigt oder eine statische Seite darstellen soll. Wenn man Letzteres wählt, muss man zudem angeben, welche statische Seite (hier „Home") diese sein soll.
▶ **Sichtbarkeit für Suchmaschinen:** Die Seite wird normalerweise von den Suchmaschinen (wie Google) ausgelesen und in den Index überführt. Will man dies verhindern, kann man hier die Checkbox anwählen.

Diskussion

In diesem Bereich können viele Einstellungen getroffen werden, die sich hauptsächlich auf den Bereich *Blog* auswirken – beispielsweise, ob ein User registriert und angemeldet sein muss, um einen Kommentar schreiben zu dürfen, oder ob eine E-Mail an den Seitenbetreiber gesendet wird, sobald ein Kommentar eingegangen ist. Beide Einstellungen sind empfehlenswert.

Medien

Hier finden sich die Einstellungen zu den Formaten der Standardmedien.

Permalinks

In diesem Bereich wird festgelegt, wie Links von WordPress erzeugt werden (als „permanente Links").

Plug-ins

WordPress-Plug-ins sind Erweiterungen für das Basissystem. Sie sind schon allein deswegen sehr beliebt, weil sie Probleme lösen, Blogs und Seiten aufwerten, sie besser, attraktiver und erfolgreicher machen. Insgesamt gibt es mittlerweile mehr als 48 000 Plug-ins im offiziellen Verzeichnis, das Sie unter https://de.wordpress.org/Plug-ins/ abrufen können.

Aber welche Plug-ins sind besonders gut, stark gefragt oder gar Marktführer in ihrem Bereich? Und welche dieser Plug-ins sollte man kennen? Dies ist tatsächlich eine Herausforderung.

Die meisten WordPress-Plug-ins sind kostenlos zu haben. Doch immer mehr von ihnen existieren zusätzlich in einer aufgewerteten Version, für die bezahlt werden muss – meist ein moderater Betrag.

Plug-ins verwalten

Die Plug-ins werden im Admin-Menü auf der linken Seite unter dem gleichnamigen Menüpunkt verwaltet.

Hier sehen Sie die bereits im System befindlichen Plug-ins. Akismet schützt vor Spam und Hello Dolly dient lediglich zu Unterhaltungszwecken, indem nach dem Einloggen eine Liedzeile des Songs „Hello Dolly" von Louis Armstrong angezeigt wird.

Beide Plug-ins sind allerdings nicht aktiviert – was man daran erkennen kann, dass der Untermenüpunkt *Aktivieren* zur Verfügung steht. Sobald man auf diesen klickt, wird das Plug-in aktiv und führt die Aktion aus, die für das Plug-in bestimmt ist.

Über den Klick auf *Löschen* kann das Plug-in wieder vom System entfernt werden.

Plug-ins installieren

Um ein neues Plug-in zu installieren, klicken Sie oben rechts neben der Überschrift *Plugins* auf die Schaltfläche *Installieren*. Nun sind Sie direkt mit dem Plug-in-Verzeichnis von WordPress verbunden.

1 Wollen Sie ein Plug-in installieren, müssen Sie es zunächst suchen. Für die ersten Schritte geben Sie hierzu in der Suche *Plug-ins durchsuchen ...* die Worte „Manual Image Crop" ein. Dies zeigt Plug-ins an, mit denen es möglich ist, ein einmal in das System geladenes Bild zu beschneiden, weil man eventuell unwichtige Randbereiche des Bildes gar nicht abbilden möchte.

Stiftung Warentest | Eine Webseite mit WordPress erstellen

2 Das erste Suchergebnis links „Manual Image Crop" ist bereits das richtige. Installieren Sie es durch Klick auf die Schaltfläche *Jetzt installieren*.

3 Nach kurzer Wartezeit ändert sich die Schaltfläche und zeigt *Aktivieren* an. Klicken Sie erneut darauf, um das Plug-in auch wirklich zu aktivieren. Nun springt die Ansicht zur Liste der installierten Plug-ins zurück.

Plug-in verwenden

1 Den Effekt sehen Sie, wenn Sie in die Medienansicht gehen. Jedes der Medien besitzt nun den weiteren Untermenüpunkt *Ausschnitt*.

2 Klickt man auf diesen Link, erscheint eine Ansicht, bei der man das Bild entsprechend beschneiden kann, indem man die vier Ecken nach Wunsch verschiebt.

3 Oben gibt es noch einen Reiter, mit dem man in die verschiedenen Ansichten eines Bildes umschalten kann. Scrollt man etwas nach unten, sieht man zur Kontrolle den ursprünglichen Ausschnitt und den neuen Ausschnitt. Durch Klick auf *Ausschneiden!* wird das Bild entsprechend beschnitten.

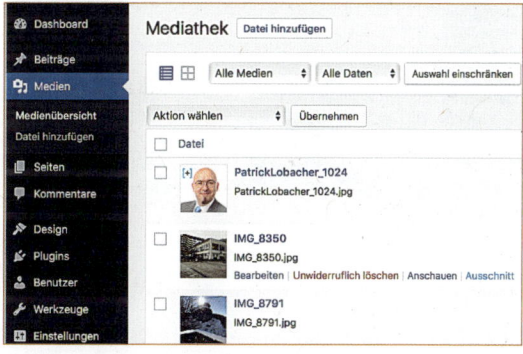

Design: Themes hinzufügen

Die WordPress-Standardinstallation wird mit einem Design, dem sogenannten Theme, ausgestattet. Auch wenn Sie in der Lage sind, Farben, Schriftarten und weitere Elemente zu verändern, wollen Sie vielleicht doch ein komplett anderes Theme verwenden.

Neue Themes finden und installieren

Zuständig ist hierfür der Menüpunkt *Design > Themes* im Admin-Bereich. Hier werden alle zurzeit installierten Themes angezeigt. Das derzeit installierte Theme heißt „Twenty Seventeen".

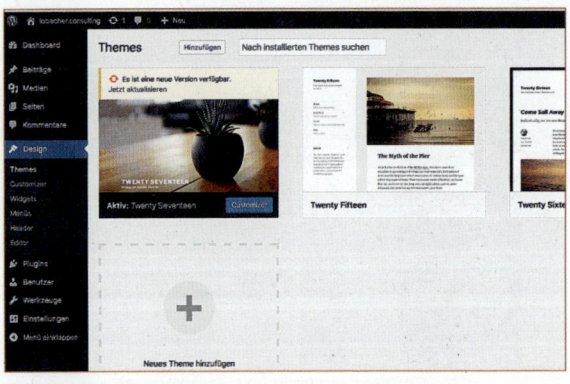

1 Über die Schaltfläche *Neues Theme hinzufügen* bekommen Sie eine Auswahl an Themes, die kostenfrei für Sie zur Verfügung stehen. Geben Sie etwa den Begriff „Sydney" in der Suchmaske *Themes suchen…* ein.

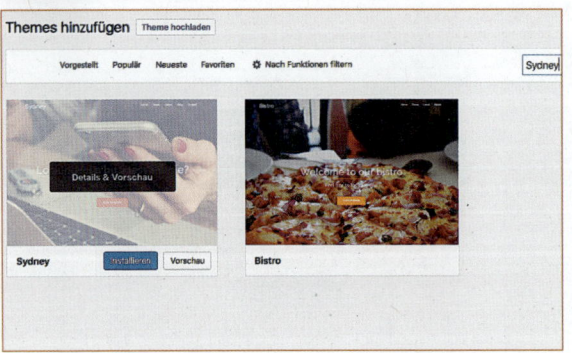

2 Fahren Sie mit der Maus über das Vorschaubild und klicken auf die nun erscheinende Schaltfläche *Installieren*.

3 Sobald die Installation durchgelaufen ist, ändert sich die Schaltfläche in *Aktivieren*, die Sie ebenfalls anklicken – nun ist das neue Theme aktiv.

4 Jedes Theme benötigt unter Umständen noch weitere Plug-ins – dies wird Ihnen aber von WordPress gleich nach der Aktivierung des Themes mitgeteilt. Im Fall des Themes „Sydney" sollen noch zwei weitere Plug-ins nachinstalliert werden. Dies können Sie erledigen, indem Sie auf

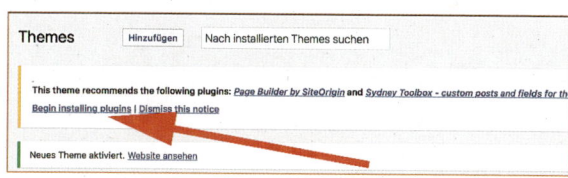

den Link *Begin installing plugins* klicken.

5 In der nächsten Ansicht wählen Sie beide Plug-ins über die Checkboxen aus, wählen *Install* aus dem Pulldown-Menü und klicken auf *Übernehmen*.

6 Nun steht Ihnen das neue Theme zur Verfügung, ohne dass die bereits eingegebenen Inhalte verschwunden sind. Sie können zudem jederzeit zum alten Theme zurückgehen.

Kostenpflichtige Themes

Sie haben auch die Möglichkeit, kostenpflichtige Themes zu kaufen. Bei diesen sind Support und Hilfe bei Fragen meist inbegriffen, oftmals auch mehr Funktionen und ein ansprechenderes Design. Ihre Webseite wirkt so noch individueller. Einige mögliche Anlaufstellen finden Sie hier:

- https://themeforest.net/category/wordpress
- https://www.templatemonster.com/de/type/wordpress-themen/
- http://designers-inn.de/wordpress-themes/
- https://www.elegantthemes.com
- https://www.theme-junkie.com

Info

Die fertige Webseite: Sie können sich die finale Version der WordPress-Webseite online ansehen unter: http://lobacher-consulting.de/.

Erste Schritte mit HTML & CSS

Bislang wurde die Erzeugung der eigentlichen Komponenten der Webseiten – also HTML und CSS – Systemen wie Homepage-Baukästen oder WordPress überlassen. Nun soll es darum gehen, diese Komponenten einmal besser kennenzulernen – und in Teilen selbst zu bauen.

Wozu sich die Mühe machen?

Bisher hatten Sie es mit diesem Buch eigentlich recht bequem. Sie haben entweder einen Homepage-Baukasten oder aber ein System wie WordPress bedient und Inhalte gepflegt sowie Einstellungen vorgenommen. Am Ende hat das System dann automatisch für einen HTML- und CSS-Code gesorgt, diesen auf dem Server platziert und so dafür gesorgt, dass Sie ihn mithilfe eines Browsers aufrufen können. Sie selbst haben diese Codes wahrscheinlich nie zu Gesicht bekommen – was auch so sein soll. Vorbei sind die Tage, als man den Code noch selbst schreiben musste. Grundkenntnisse können trotzdem nicht schaden. Denn wer etwas Code kennt, ist flexibler. Wenn Sie etwa ein Menü anders darstellen möchten, müssten Sie normalerweise nach einem passenden WordPress-Theme suchen. Finden Sie nichts, was Ihren Vorstellungen entspricht, können Sie dieses Menü so nicht umsetzen.
Mit direktem Zugriff auf den HTML- und CSS-Code können Sie aber alle gewünschten Änderungen selbst durchführen.

Vorteile der eigenen Implementierung

- ▶ **Sie haben direkten** Zugang zum Code.
- ▶ **Sie sind maximal** flexibel.
- ▶ **Kleine Änderungen** sind schnell erledigt.
- ▶ **Auch in Homepage-Baukästen** und WordPress kann mit HTML und CSS an einigen definierten Stellen gearbeitet werden.
- ▶ **Das Verständnis** für die Architektur des Webs wächst, wenn Sie sich direkt mit den Bausteinen beschäftigen.

Nachteile der eigenen Implementierung

Es darf allerdings ebenso nicht verschwiegen werden, dass die eigene Implementierung auch einige Nachteile mit sich bringt:

▶ **HTML und CSS sind sehr komplex,** wenn man diese komplett verstehen will.

▶ **Auf vielen Geräten** wird HTML bzw. CSS leicht unterschiedlich dargestellt – daher ist ein Testen auf möglichst vielen Geräten unumgänglich.

▶ **Einige zwar relativ einfach** aussehende Gestaltungsformate (wie z. B. ein Raster) sind sehr zeitaufwendig in der Realisierung.

Ein fertiges Template finden und verwenden

Ein Template ist eine Vorlage, ein rohes HTML-Gerüst, das nur mit Inhalt gefüllt werden muss. Es ist zwar möglich, selbst eines zu erstellen, aber gerade für Anfänger ist dies viel zu kompliziert. Zudem müsste es auf unzähligen Zugangsgeräten getestet werden, was unnötig großen Aufwand bedeuten würde.

Einfacher ist es, ein kostenloses bestehendes Template zu verwenden und dies an die eigenen Bedürfnisse anzupassen. Hierfür gibt es zahlreiche Quellen im Web, auf die man zurückgreifen kann.

Technologie für das Template

Für den Start am besten geeignet ist ein Template auf Basis der Technologie „Bootstrap". Bootstrap ist ein anpassungsfähiges und zuerst für mobile Geräte entwickeltes Gerüst (ein „Framework") auf Basis von HTML, CSS und JavaScript. Egal, wie gut Sie sich mit Webtechniken auskennen – Sie können damit einfacher und schneller kleine wie große Projekte entwickeln, die auf Geräten in allen erdenklichen Formen funktionieren.

Bootstrap ist ein freies CSS-Framework, das unter einer Open-Source-Lizenz steht und für jeden kostenfrei ist. Es enthält auf HTML und CSS basierende Gestaltungsvorlagen für Typografie, Formulare, Buttons, Tabellen, Grid-Systeme (zum Darstellen von Rastern), Navigations- und andere Oberflächengestaltungselemente sowie zusätzliche optionale JavaScript-Erweiterungen.

Template-Anbieter

Es gibt zahlreiche Template-Anbieter, die sowohl kostenfreie als auch kostenpflichtige Templates anbieten. Sollte das Template kostenpflichtig sein, wird meist ein einmaliger Betrag zwischen 10 und 50 Euro fällig, und man kann das Template anschließend unbegrenzt für die eigene Webseite nutzen.

Einige Anbieter für Bootstrap-Templates finden Sie beispielsweise auf diesen Webseiten:

- https://startbootstrap.com
- https://wrapbootstrap.com
- https://www.templatemonster.com/bootstrap-website-templates/
- http://www.w3schools.com/bootstrap/bootstrap_templates.asp
- https://bootswatch.com
- https://www.freshdesignweb.com/free-bootstrap-templates/
- https://shapebootstrap.net/items
- https://themeforest.net/tags/bootstrap
- https://bootstrapmade.com

Download eines Templates

Für die weiteren Ausführungen verwenden Sie ein kostenfreies und leistungsfähiges Template vom Anbieter Start Bootstrap. Gehen Sie dazu zu folgender URL: https://startbootstrap.com/template-over-

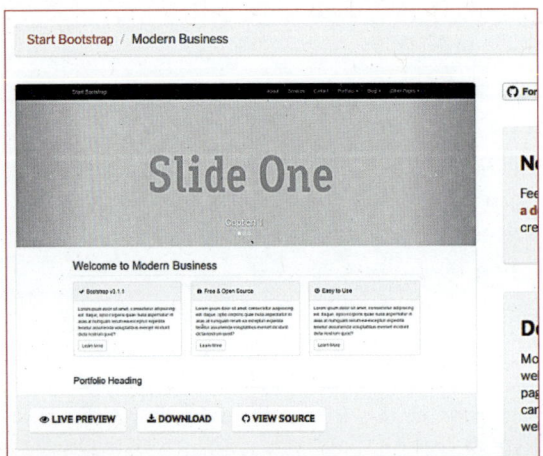

views/modern-business/ und laden das Template durch einen Klick auf *Download* herunter.

Sie erhalten nun eine ZIP-Datei. Entpacken Sie sie in einen Ordner, der nun Folgendes enthält:

▶ **HTML-Dateien:** Alle Dateien mit der Endung `.html` sind die HTML-Dateien des Projekts.

▶ **Startseite:** Die wichtigste Datei ist die `index.html` – diese stellt die Startseite dar.

▶ `bin/`: In diesem Verzeichnis befindet sich eine PHP-Datei, die den Mail-Versand über ein Kontaktformular regelt.

▶ `css/`: Da Bootstrap vorwiegend ein CSS-Framework ist, benötigt es natürlich eine Menge CSS-Definitionen, die sich in diesem Verzeichnis finden lassen. Im selben Verzeichnis befinden sich aber nicht nur die Bootstrap-CSS-Definitionen, sondern auch die für das Template „Modern Business" wichtigen speziellen Definitionen.

▶ `font-awesome/`: Fonts sind Schriftarten. Bei Font Awesome handelt es sich um ein Set an Icons, die als Web-Font gebündelt sind. Sie finden Sie im Unterordner *fonts*: `.eot`, `.svg`, `.ttf`, `.woff`, `.otf`. Es handelt sich also um Vektorgrafiken, die im Gegensatz zu Bitmap-Grafiken in jeder Größe scharf dargestellt werden. Somit sind sie auch für Retina-Displays ideal. Die Icons werden über eine CSS-Datei eingebunden, die sich in diesem Verzeichnis befindet. Anschließend kann man einem HTML-Element mithilfe einer CSS-Klasse ein Icon hinzufügen.

▶ `js/`: Hier befinden sich alle JavaScript-Dateien.

Stiftung Warentest | Erste Schritte mit HTML & CSS

Ansehen und Analyse des Templates

Für die nächsten Schritte benötigen Sie einen echten Plain-Text-Editor – er stellt nur Text dar. Achten Sie also darauf, kein Textverarbeitungsprogramm (wie Notepad oder MS Word) zu verwenden, da dieses eventuell Steuercodes und Ähnliches hinzufügt, ohne dass Sie etwas davon merken.

Folgende Programme können Sie beispielsweise gut als Editor verwenden:

▶ **Windows**

Notepad++: https://notepad-plus-plus.org
MS-Editor: Wird mitgeliefert – *Rechtsklick > Neu > Textdokument*
Sublime 2: http://www.sublimetext.com/2
Brackets: http://brackets.io
Aptana: http://www.aptana.com/products/studio3.html

▶ **macOS**

Sublime 2: http://www.sublimetext.com/2
Brackets: http://brackets.io
Aptana: http://www.aptana.com/products/studio3.html

▶ **Linux**

Sublime 2: http://www.sublimetext.com/2
Aptana: http://www.aptana.com/products/studio3.html

Analyse des Templates

Öffnen Sie zunächst die Datei *index.html* aus dem zuvor heruntergeladenen ZIP-Archiv in einem Editor Ihrer Wahl:

Später lernen Sie die meisten dieser Befehle noch näher kennen – aber zunächst reichen folgende kommentierte Informationen aus, damit Sie sich einen Überblick verschaffen können.

```
1  <!DOCTYPE html>
2  <html lang="en">
3
4  <head>
5
6      <meta charset="utf-8">
7      <meta http-equiv="X-UA-Compatible" content="IE=edge">
8      <meta name="viewport" content="width=device-width, initial-scale=1">
9      <meta name="description" content="">
10     <meta name="author" content="">
11
12     <title>Modern Business - Start Bootstrap Template</tit
13
14     <!-- Bootstrap Core CSS -->
15     <link href="css/bootstrap.min.css" rel="stylesheet">
16
17     <!-- Custom CSS -->
18     <link href="css/modern-business.css" rel="stylesheet">
19
```

Auszug aus dem Inhalt der index.html

```
<!DOCTYPE html> Einleitung des HTML-Dokuments
<html lang="en">

<head> Kopfbereich für Metadaten

   <meta charset="utf-8">
   [...]
   <title>Modern Business - Start Bootstrap Template</title> Titel der Seite

   <!-- Bootstrap Core CSS -->
   <link href="css/bootstrap.min.css" rel="stylesheet"> Laden von Style Sheets („stylesheet")

   <!-- Custom CSS -->
   <link href="css/modern-business.css" rel="stylesheet">

   <!-- Custom Fonts -->
   <link href="font-awesome/css/font-awesome.min.css" rel="stylesheet" type="text/css">
   [...]
</head>

<body> Sichtbarer Hauptbereich

   <!-- Navigation -->
   <nav class="navbar navbar-inverse navbar-fixed-top" role="navigation">
   [...]
   </nav>
```

```html
<!-- Header Carousel -->
<header id="myCarousel" class="carousel slide">
[…]
</header>

<!-- Page Content -->
<div class="container">
[…]
</div>
<!-- /.container -->

<!-- jQuery -->
<script src="js/jquery.js"></script>
```
Laden von JavaScript-Dateien
```html
<!-- Bootstrap Core JavaScript -->
<script src="js/bootstrap.min.js"></script>

<!-- Script to Activate the Carousel -->
<script>
$('.carousel').carousel({
interval: 5000 //changes the speed
})
</script>

</body>

</html>
```

Achtung: Einzelne Quellcode-Passagen wurden aus Platzgründen ausgelassen, gekennzeichnet durch „ […] ".

Das kleine Einmaleins des Markups (HTML & CSS)

Um HTML und CSS von Grund auf neu zu lernen, bedürfte es sicherlich mehrerer Bücher wie das vorliegende – daher soll es in dieser kurzen Einführung lediglich um die wichtigsten Elemente gehen.

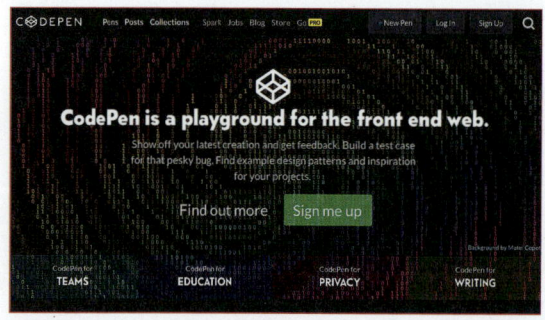

Um die nachfolgenden Beispiele selbst nachzuvollziehen, können Sie entweder eine leere HTML-Datei anlegen und diese lokal im Browser öffnen oder aber Sie verwenden den Dienst codepen.io – hier können Sie HTML-, CSS- und JavaScript-Code nebeneinander eingeben und bekommen das Ergebnis direkt darunter angezeigt.

Zusätzlich ist es möglich, eine Zusammenstellung abzuspeichern und zu einem späteren Zeitpunkt wieder zu laden oder aber den Link zur Zusammenstellung an andere Personen zu schicken.
Klicken Sie zum Start einfach auf *New Pen* – der Dienst ist zudem kostenlos.

Was ist HTML genau?

HTML ist eine Seitenbeschreibungssprache (bzw. auch als Strukturierungssprache bezeichnet), mit der dem Browser gesagt wird, wie die Inhalte strukturiert sind: welche Bereiche als Überschriften, Absätze, Aufzählungen, Bilder, Tabellen oder Ähnliches interpretiert werden sollen.
Dabei ist HTML aber keine Programmiersprache im klassischen Sinn: HTML beschreibt lediglich die logische Struktur der Inhalte.

Die HTML-Seite (also die Textdatei, die HTML-Code enthält) hat zwei Ausprägungen. Zum einen zeigt sie die Webseite im Browser an, andererseits enthält diese den HTML-Code im Klartext, der ebenfalls im Browser sichtbar gemacht werden kann.

Gehen Sie einfach mal im Browser auf *Ansicht > Quellcode anzeigen* oder per Rechtsklick mit der Maus auf die Seite auf *Seitenquelltext anzeigen*. Schaut man sich den Quellcode nun etwas genauer an, stellt man fest, dass dort nicht nur der sichtbare Text, sondern auch zahlreiche weitere Texte zu sehen sind.

Es gibt also nicht nur den eigentlichen Text, sondern auch Anweisungen, wie einzelne Textbereiche angezeigt werden sollen. Beispielsweise steht dort: „Zeige den Text normal an und dann ab diesem Wort hier stelle den Text hervorgehoben dar." Und wieder etwas später kommt eventuell die Anweisung, diese Hervorhebung wieder zu beenden.

Diese Steueranweisungen sind „Tags" (oder auch HTML-Tags genannt; engl. für Markierungen). Sie werden stets in spitzen Klammern geschrieben. Ein Tag bezeichnet immer das Anweisungspaar – also sowohl das „öffnende" Tag wie auch das „schließende" Tag:

`<tag>`Hier kommt Inhalt`</tag>`

Der Unterschied zwischen dem öffnenden und dem schließenden Tag ist, dass dem schließenden noch ein Schrägstrich oder Slash „/" nach der öffnenden spitzen Klammer zugefügt wird.

Grundsätzlich kann es sein, dass es noch zusätzliche Eigenschaften für ein Tag gibt – das sind die sogenannten Attribute. Diese werden beispielsweise wie folgt notiert:

`<tag attribut1="wert1" attribut2="wert2">`Hier kommt Inhalt`</tag>`

Das schließende Tag wiederholt dann die Attribute nicht, sondern wird wie bisher geschlossen.

Wenn ein Tag selbst keinen Inhalt hat, sondern nur eine Steueranweisung ist, kann das Tag auch „selbstschließend" notiert werden, indem am Ende der Slash „/" notiert wird:

```
<tag attribut1="wert1" attribut2="wert2" />
```

In HTML haben Sie also unterschiedliche Steueranweisungen bzw. Befehle (HTML-Tags) für:

▶ **Verschiedene Überschriftenebenen**
▶ **Absätze**
▶ **Hervorhebungen**
▶ **Verschiedene Aufzählungen**
▶ **Bilder**
▶ **Tabellen**
▶ **Weitere Befehle** zur Strukturierung von Inhalten

Der Name der Tags ist oftmals entweder eine Abkürzung (also nur wenige Buchstaben lang) und vor allem zurückzuführen auf das englische Wort. Beispielsweise steht der Tag für ein Bild `<img>` für Image oder `<p>` für Paragraph (Absatz). Grundsätzlich kann man Tags ineinander verschachteln.

Absätze

Ein sehr wichtiger HTML-Tag ist der für Absätze, denn diese strukturieren Texte – der erste Schritt gegen Textwüsten.

In der Ausgabe hält ein Absatz einen Abstand zum nachfolgenden Element. Wie viel Abstand das ist, soll hier nicht interessieren, da dies in den Bereich Design fällt – und für Design ist CSS und nicht HTML zuständig.

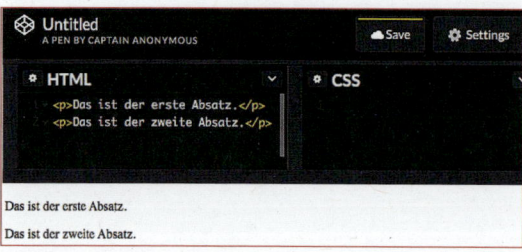

Sollen zwei Textabschnitte getrennt werden, kann man das wie folgt notieren:

`<p>Das ist der erste Absatz.</p>`
`<p>Das ist der zweite Absatz.</p>`

Überschriften

Die HTML-Befehle `<h1>`, `<h2>`, `<h3>` ... bis `<h6>` werden für Überschriften verwendet und stellen die grundlegendsten Gliederungsmöglichkeiten neben den Absätzen (`<p>`) für Texte dar. So wie auch die Überschriften in diesem Buch einer hierarchischen Ordnung folgen, bezeichnet `<h1>` eine Überschrift 1. Ordnung, `<h2>` eine Überschrift 2. Ordnung etc. – wobei eine `<h2>` bereits automatisch auch optisch erkennbar einer `<h1>` untergeordnet ist.

Anhand von Überschriften wird der Text gegliedert und strukturiert. Dabei sind wie in einem Fachbuch verschiedene Hierarchien (bzw. Wichtigkeiten) von Überschriften möglich, z. B. Kapitelüberschrift, Abschnittsüberschriften etc.

Elementar ist der korrekte Einsatz der Überschriften – so sollte es beispielsweise pro Seite nur eine Überschrift 1. Ordnung geben. Zudem verwendet man die jeweils weiteren Überschriften sinnvollerweise im Spektrum von „wichtig" (niedrigere Zahl) zu „unwichtig" (höhere Zahl).

Auf Webseiten begegnet man oft dem Fehler, dass zwischen den Überschriften ohne Logik gesprungen wird. Manchmal fehlt die `<h1>` komplett – das sollte es nicht geben. Genauso sollten die weiteren Überschriften nahtlos verwendet werden – also nicht `<h4>` direkt nach `<h2>`, ohne eine `<h3>` dazwischenzusetzen. Auch hier liegt der Grund oftmals im Design – weil Überschriften 1. Ordnung eben größer dargestellt werden als Überschriften 2. Ordnung und diese wiederum größer als die der 3. Ordnung etc. Allerdings wird auch hier die Größe später mittels CSS eingestellt.

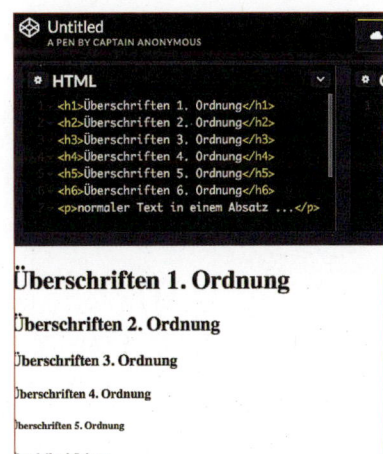

HTML-Grundgerüst

Nun wird es Zeit, sich um das HTML-Grundgerüst zu kümmern. Auch wenn der bisherige HTML-Code schon gut funktioniert hat, war dies nur der Fall, weil der Browser in diesem Fall ein Grundgerüst bei der Darstellung der Seite annimmt – besser ist es immer, dieses Grundgerüst selbst zu kontrollieren.

Dafür gibt es einen Grundaufbau, der auf jeder Seite vorhanden sein sollte. Er besteht aus drei Bereichen.

```html
<!DOCTYPE html>
<html lang="de">
<head>
   <meta charset="UTF-8">
   <title>HTML Grundgerüst</title>
   <meta name="description" content="Kurzbeschreibung">
   <link href="stylesheet.css" rel="stylesheet">
</head>

<body>
Hier sind die sichtbaren Inhalte der Webseite untergebracht.
</body>
</html>
```

Im Bereich `DOCTYPE` wird dem Internetbrowser mitgeteilt, was er an Befehlen erwarten kann und an welchem Standard man sich bei der Erstellung der Seite gehalten hat. Im Script steht hier nur „html", was tatsächlich bedeutet, dass man den neuesten Standard „html5" verwenden möchte.

Anschließend wird der restliche Code im umgebenden Tag `<html>...</html>` gekapselt. Das Attribut `lang="de"` gibt an, dass der eigentliche Inhalt des Textes auf Deutsch geschrieben ist.

Dies ist eine Steueranweisung für den Browser und führt natürlich nicht zu einer Übersetzung, wenn Sie hier „en" statt „de" angeben. Die Metainformationen der Webseite stecken im nächsten Bereich `<head>...</head>`, also beispielsweise der Titel der Seite, welche Dateien nachgeladen werden sollen, und Anweisungen für den CSS-Code.

Der Bereich `<body>...</body>` enthält den eigentlichen Inhalt der Seite.

Vergleichen Sie nun den minimalen Grundaufbau mit der vorher geöffneten Startseite des Bootstrap-Templates, so müssten Ihnen schon einige Passagen bekannt vorkommen.

Hervorheben

Um wichtige Bereiche bzw. Wörter zu betonen, können diese hervorgehoben werden. Dafür gibt es zwei verschiedene Befehle. Einerseits steht dafür das Tag `<b>` zur Verfügung. Das „b" steht für das englische Wort „bold" (fett). Andererseits gibt es das HTML-Tag `<strong>` (was so viel wie „überzeugend, kräftig, fest, stark" bedeutet).

Sieht man sich das Ergebnis im Browser an, kann man feststellen, dass hier in der Ausgabe in der Regel kein Unterschied zwischen der Hervorhebung mit `<strong>` und `<b>` zu sehen ist.

Warum dies so ist, hat folgenden Grund: Es gibt semantisch-logische und physisch-visuelle HTML-Tags. Ersteres ist die Art des `<strong>`-Tags, denn hier wird nicht vorgegeben, wie die Hervorhebung auszusehen hat. Ganz im Gegenteil zur Auszeichnung `<b>`: Hier wird erwartet, dass die Auszeichnung mittels Fettdruck zu erfolgen hat.

Kursiv

Eine weitere Hervorhebungsmöglichkeit besteht darin, Absätze und/oder Wörter kursiv darzustellen. Dies geschieht mit dem Tag `<i>` (für „italic") oder alternativ mit `<em>` (für emphasis – mit Nachdruck). Hier gilt selbiges wie schon im vorherigen Abschnitt – beide Auszeichnungen finden optisch identisch statt.

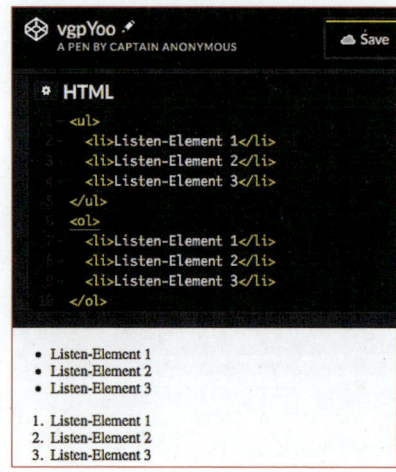

Listen und Aufzählungen

Sobald man eine Auflistung haben möchte, kommt die Liste ins Spiel. Hier gibt es sowohl die „ungeordnete Liste" (diese hat lediglich ein Aufzählungszeichen vor jedem Eintrag) als auch die „geordnete Liste" (die beispielsweise mit Nummern oder Buchstaben arbeitet).

Sobald eine Ansammlung von gleichen Elementen vorliegt, wird in modernem HTML versucht, diese in einer Liste zu aggregieren, selbst wenn die Ausgabe nichts mehr mit normalen Listen gemein hat. So werden beispielsweise Navigationen (egal wie diese dann später aussehen) als Listen realisiert oder auch als Slider, bei denen mehrere Bilder überblendet werden.

Eine Liste hat immer den folgenden Aufbau:

- **Ungeordnete Liste** (von engl. „unordered list"): `<ul>...</ul>`
1. **Geordnete Liste** (von engl. „ordered list") `<ol>...</ol>`

Innerhalb der Tags befindet sich bei beiden jeweils pro Listenelement ein `<li>...</li>`-Tag.

Zeilenumbruch erzwingen

Zeilen umbrechen automatisch. Wenn Sie einen Umbruch erzwingen möchten, nutzen Sie dazu an der gewünschten Stelle das HTML-Tag `<br />`. Dieses Element braucht kein Ende-Tag mit „/".

Container: div und span

Über die beiden HTML-Tags `<div>` und `<span>` können Bereiche festgelegt werden, die keine semantische Bedeutung haben, sprich „neutral" sind.

Die beiden neutralen Tags können andere HTML-Tags beherbergen. Dadurch können Container gebildet werden, die einen bestimmten Zweck haben: Diese Bereiche werden dann gern für das Design genutzt.

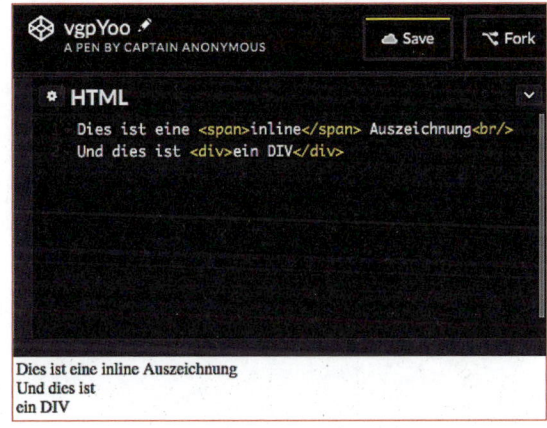

Das `<div>` steht für „division" (Bereich), wobei es sich um ein sogenanntes Block-Element handelt, d. h., es wird gedanklich ein Block um alles gezogen, was innerhalb des Tags steht, und von dem abgetrennt, was sich davor und danach befindet. Steht also ein Wort innerhalb eines `<div>`-Tags, steht das Wort nach der Auszeichnung immer allein in einer Zeile.

Beim `<span>` wiederum handelt es sich um ein Inline-Element, d. h., man kann ein Element im Textfluss auszeichnen.

Beide Tags können (wie im übrigen alle HTML-Tags) weitere Attribute aufnehmen, z. B.

`<div class="klasse1" id="identifier"> … </div>`.

HTML5-Bereiche

Es besteht seit HTML5 grundsätzlich die Möglichkeit, Bereiche der Webseite auch semantisch auszuzeichnen:

▶ `<header>` … `</header>`: Bereich für die Kopf-Daten (nicht verwechseln mit `<head>`)
▶ `<nav>` … `</nav>`: Bereich für die Navigation
▶ `<section>` … `</section>`: Gruppiert Elemente

▶ `<article>` … `</article>`: Bereich für den Inhalt
▶ `<aside>` … `</aside>`: Bereich für Zusatzinformationen zum Inhalt
▶ `<footer>` … `</footer>`: Bereich für Fußbereich

Dies ist lediglich eine semantische Auszeichnung, die erst einmal keinerlei Auswirkung auf das Design hat – das muss mithilfe von CSS nachgeholt werden.

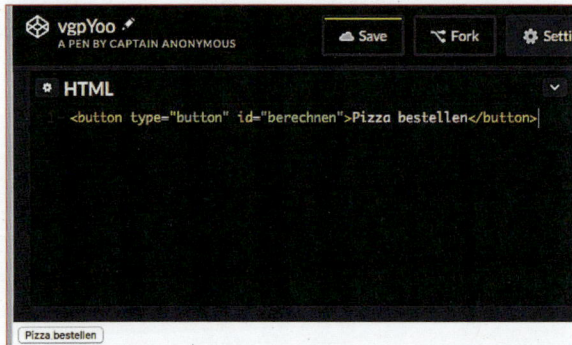

Button

Mit dem Button-Element erzeugen Sie anklickbare Schaltflächen, die Aktionen auslösen können.

Es gibt drei verschiedene Arten von Buttons, gekennzeichnet durch das type-Attribut:

▶ `type="button"`: Auslösen clientseitiger Aktionen
▶ `type="submit"`: Absenden eines Formulars, default-Wert
▶ `type="reset"`: Zurücksetzen eines Formulars

Links

Mit einem `<a>`-Tag können Sie einen Link zu einem anderen Dokument (auf demselben oder einem entfernten Server) oder zu einem Anker (engl. anchor) setzen. Hyperlinks, auch „Verweise" genannt, sind ein entscheidender Bestandteil jedes Hypertext-Projekts und der „intelligente Mehrwert" des World Wide Web.

Als Inhalt des `<a>`-Elements wird der Text notiert, der dem Besucher als Verweis angeboten wird (bei den meisten Internetbrowsern andersfarbig, meist unterstrichen).

Wenn Sie das `<a>`-Tag benutzen, um einen Anker (ein Sprungziel) festzulegen, kann das Tag auch leer sein, also

```
<a id="anker1"></a>Text
```
... ist ebenso valide wie
```
<a id="anker2">Text ...</a>.
```
Als Anker ist jedes id-Attribut in jedem beliebigen Element geeignet, zum Beispiel `<h1 id="anker3">Kapitel 3</h1>`.
Der Verweis zu dieser Stelle (auf der gleichen Seite) würde dann lauten `<a href="#anker3">zum Kapitel 3</a>`.

Bilder

Es gibt drei Bildformate, die man per HTML direkt einbinden kann: JPG, PNG und GIF. Die Einbindung geschieht folgendermaßen:
```
<img src="http://www.lobacher.de/assets/tut-headerbild01.png" />
```

Einführung in CSS

CSS (Cascading Style Sheets, zu Deutsch: kaskadierende Stilvorlagen) ist eine Formatierungssprache für HTML-Dokumente.
Das World-Wide-Web-Konsortium (W3C) entwickelte CSS, um zum ursprünglichen Grundgedanken von HTML zurückzukehren: die Trennung der Informationen (Inhalt) von der Präsentation (Design).
Als Style Sheet wird eine Datei (meist mit der Endung `.css`) oder der `<style>`-Abschnitt innerhalb eines Dokuments bezeichnet, der aus CSS-Anweisungen besteht.
Bindet man eine Datei ein, so wird dies über das `<link>`-Tag realisiert (das sich innerhalb des `<head>`-Tags befinden muss):
```
<link href="css/modern-business.css" rel="stylesheet">
```
Will man das Style Sheet direkt in den HTML-Code integrieren, kann man dies wie folgt umsetzen:

```html
<!doctype html>
<html>
    <head>
        <meta charset="utf-8">
        <title>Stylesheet per style-Element</title>
        <style>

            h1 { color: red; }

        </style>
    </head>
    <body>
        <h1>Stylesheet per <code>style</code>-Element</h1>
        <p>Obige Überschrift wird in roter Farbe dargestellt.</p>
    </body>
</html>
```

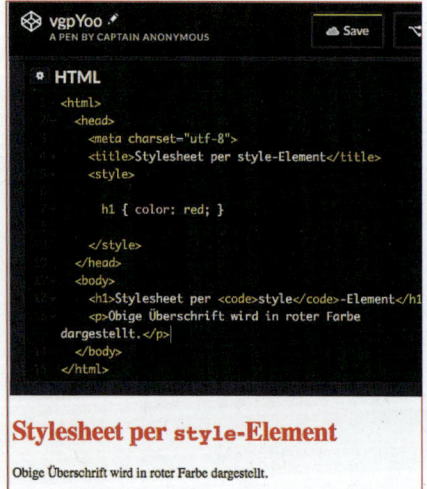

Basis-Syntax

Die Basis-Syntax ist so aufgebaut, dass zunächst ein Selektor oder eine Gruppe von Selektoren notiert wird, gefolgt von einem durch geschweifte Klammern begrenzten Bereich, in dem Eigenschaften ein Wert zugewiesen wird. Eine solche Anweisung nennt man Regel.
Beispiel:

```
h1 {
    color: #ff0000;
    text-decoration: underline;
}
```

```
h1, p {
   border: 1px solid green;
}
```

Dies muss natürlich auf ein HTML angewendet werden, das wie folgt aussehen könnte:

```
<h1>Überschrift 1</h1>
<p>Das hier ist ein Absatz</p>
```

Schauen Sie sich das CSS genauer an. Eine geschweifte Klammer öffnet und schließt beide Regeln. Die erste Regel besteht aus einem Selektor `h1` (der alle Überschriften der 1. Ordnung selektiert), dem zwei Eigenschaften zugewiesen werden: Die erste Eigenschaft ändert die Schriftfarbe in rot (über den HTML-Farbcode `#ff0000`) und die zweite unterstreicht (`underline`) die Überschrift.

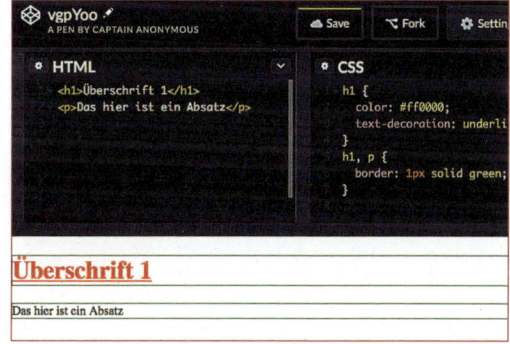

Die zweite Regel besteht aus zwei voneinander unabhängigen Selektoren `h1` und `p` (um Überschriften 1. Ordnung und alle Absätze zu selektieren), denen die Eigenschaft zugewiesen wird, dass um das Element ein grüner Rand (`border`) in der Größe 1px gelegt wird.

Textstile

So können Sie Text beispielsweise über CSS-Codes verändern:
▶ `text-align: left;` Horizontale Ausrichtung, z.B. left | center | right
▶ `text-decoration: underline;` Text-Dekoration, z.B. none | underline | line-through

- `font-family: fontname;` Schriftart, statt „fontname" tragen Sie hier z. B. Verdana, Arial oder Helvetica ein
- `font-size: 16pt;` Schriftgröße, z. B. 12pt | 15px
- `font-weight: bold;` Dicke der Schrift, z. B. bold | normal | 200

Größe und Layout

Unter anderem so können Sie ein ganzes Element – etwa eine bestimmte `<h1>` oder eine Fußnote – über CSS-Codes verändern:
- `width: 400px;` Breite des HTML-Elements, z. B. 100px | 50%
- `height: 100%;` Höhe des HTML-Elements, z. B. 20px | 100%
- `margin: 5px;` Abstand zwischen Elementen bzw. um ein Element (Innenabstand)
- `margin-top: 1px;` Wie oben, hier beschränkt auf den oberen Abstand
- `margin-bottom:` | `margin-left:` | `margin-right:` Regeln entsprechend für den unteren, linken und rechten Abstand
- `padding: 5px;` Abstand zwischen Elementen bzw. um ein Element (Innenabstand)
- `padding-top: 1px;` Wie oben, hier beschränkt auf den oberen Abstand
- `padding-bottom:` | `padding-left:` | `padding-right:` Regeln entsprechend für den unteren, linken und rechten Rand

Farben und Ränder

Diese Elemente können Sie hinter und um Text herumlegen:
- `color: red;` Farbe des Elements, z. B. red | #ff0000
- `background-color: white;` Hintergrundfarbe eines Elements
- `background-image: url(image.gif);` Hintergrundbild
- `border-color: yellow;` Randfarbe
- `border: 1px solid blue;` Definition des Randes mit Größe, Typ und Farbe kombiniert

Änderungen am Template vornehmen

Mit dem bisher erlangten Wissen sind Sie nun in der Lage, das ursprünglich heruntergeladene Template zu verändern.

1 Ziehen Sie die Datei *index.html* in Ihren Browser hinein – so sieht das bisherige Ergebnis all dieser HTML-Codes aus.

2 Um etwa die Farbe der Überschrift zu ändern, müssen Sie herausfinden, wo diese definiert ist: in diesem Fall in der CSS-Datei *modern-business.css*, die sich im Verzeichnis *css* befindet.

3 Öffnen Sie die Datei *modern-business.css*, mit z. B. Notepad++, tragen Sie ganz am Ende folgenden CSS-Code ein und speichern Sie anschließend:

```
h1 {
    color: blue;
}
```

4 Laden Sie die *index.html* in Ihrem Browser neu: die Überschrift ist nun blau.

5 Um das Logo oben links zu tauschen, öffnen Sie die Datei *index.html* in Notepad++. Gehen Sie zu Zeile 45:

```
<a class="navbar-brand" href="index.html">Start Bootstrap</a>
```

6 Tauschen Sie Passage „Start Bootstrap" durch ein Image-Tag aus:

```
<a class="navbar-brand" href="index.html"><img src="http://www.lobacher.de/_include/img/logo.png" width="100" /></a>
```

7 Laden Sie die Seite im Browser neu: Fertig!

Marketing und SEO

Die beste Webpräsenz nutzt überhaupt nichts, wenn sie nicht gefunden wird. Daher ist es sehr wichtig, diese entsprechend bekannt zu machen. Hier helfen klassisches Marketing und Suchmaschinenoptimierung (SEO), um weiter oben bei den Suchergebnissen aufzutauchen.

Suchmaschinen-
optimierung (SEO)

Das Angebot im Internet ist riesig und oft unübersichtlich. Um gefunden zu werden, kann die eigene Seite daher dergestalt optimiert werden, dass sie von einer Suchmaschine eher gefunden wird und somit weiter oben in der Trefferliste erscheint.
Der Fachbegriff hierfür lautet SEO (Search Engine Optimization, engl. für Suchmaschinenoptimierung). Es ist eine nicht allzu komplexe Möglichkeit, die Sichtbarkeit der eigenen Webpräsenz zu erhöhen.
Suchmaschinenoptimierung macht es oft notwendig, kleine Änderungen auf Teilen der Webseite durchzuführen – so müssen ggf. Texte angepasst und Seiten neu strukturiert werden. Betrachtet man diese Änderungen jeweils für sich allein, so wirken sie eventuell nur wie kleine Verbesserungsmaßnahmen. Sobald diese aber mit anderen Optimierungsmaßnahmen kombiniert werden, können sie eine deutlich sichtbare Wirkung auf die Nutzer der Webseite haben und das Abschneiden in der organischen Suche deutlich verbessern.
Auch wenn im Begriff „SEO" das Wort Maschine enthalten ist, sollten alle Entscheidungen bezüglich der Optimierung zuallererst darauf ausgerichtet sein, was für Personen, also die Besucher der Webseite, am besten ist. Schließlich sind sie die wahren Konsumenten Ihres Inhalts, und sie benutzen Suchmaschinen nur, um die Webseite zu finden.

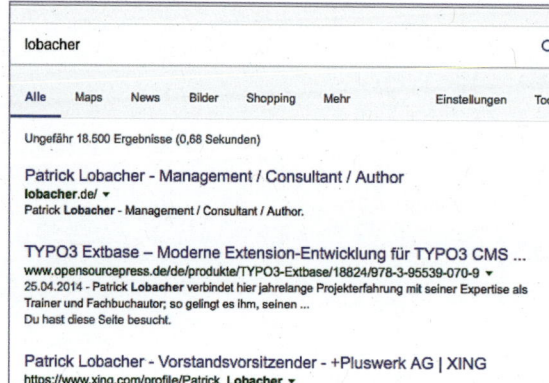

Seitentitel

Einen Seitentitel sollte man immer auch durch die Verwendung von `<title>`-Tags kennzeichnen. Der Tag `<title>` beschreibt sowohl Nutzern als auch Suchmaschinen, wovon eine bestimmte Seite handelt. Ein `<title>`-Tag wird immer innerhalb des `<head>`-Bereichs des HTML-Codes gesetzt.

Zusätzlich sollte man darauf achten, für jede Seite des Webauftritts einen einzigartigen Titel zu verwenden. Der Inhalt des `<title>`-Tags wird zudem in den Suchergebnissen angezeigt. Wenn die Webseite in den Suchergebnissen auftaucht, erscheint der Inhalt des `<title>`-Tags normalerweise als erste Zeile des Ergebnisses.
Betrachten Sie dazu folgendes Suchergebnis (und hier vor allem den ersten Treffer):
Der dahinterstehende HTML-Code lautet wie folgt:

```
<!DOCTYPE html>
<html>
    <head>
        …
        <title>Patrick Lobacher – Management / Consultant / Author</title>
        …
    </head>
    <body>
        …
    </body>
</html>
```

Wählen Sie also einen Titel, der den Content der Seite effektiv kommuniziert, und vermeiden Sie die Wahl eines Titels, der sich nicht auf den Inhalt der Seite bezieht oder nur einen Standardtitel enthält, wie „Unbenannt" oder „Neue Seite 1". Dabei sollte der Titel nicht zu kurz aber auch nicht zu lang sein. Idealerweise ist er maximal 55 Zeichen lang. Längere Titel werden im Suchergebnis womöglich abgeschnitten.

Seitenbeschreibung

Der Meta-Tag `<description>` einer Seite (der im Bereich `<head>` platziert wird) gibt Suchmaschinen eine Zusammenfassung darüber, wovon eine Seite handelt. Während der Titel einer Seite aus wenigen Wörtern oder einem Satz bestehen kann, enthält der `<description>`-Tag meist deutlich mehr Inhalt.

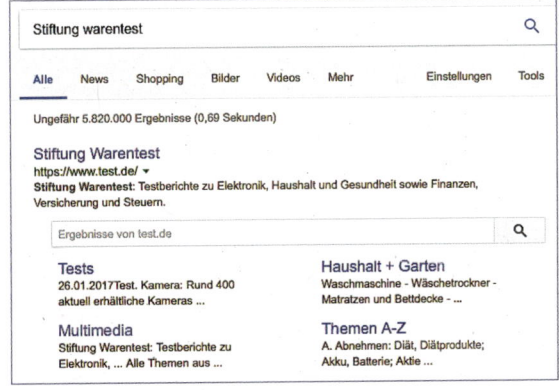

Ähnlich wie beim Titel wird die Beschreibung ebenfalls (in den meisten Fällen) direkt beim Suchergebnis angezeigt und sorgt so dafür, dass – falls diese ansprechend geschrieben ist – mehr Besucher auf die Webseite kommen werden.
Der dafür zuständige HTML-Code sieht wie folgt aus:

```
<!doctype html>
<html lang= "de" class= "no-js html--rwd">
<head>
    ...
    <title>Stiftung Warentest</title>
    <meta name="description" lang="de" content=
    "Stiftung Warentest: Testberichte zu Elektro-
```

```
nik, Haushalt und Gesundheit sowie Finanzen,
Versicherung und Steuern" />
    …
</head>
<body id="top" itemscope itemtype="http://schema.
org/WebPage">
    …
</body>
</html>
```

Einzigartiger Content

Für Suchmaschinen ist es wichtig, dass Inhalte in ihrer kompletten Ausprägung nur ein Mal vorkommen sollten. Dabei geht es nicht um kurze Sätze oder Wörter, sondern um ganze Absätze. Taucht dieser Inhalt auf mehreren Seiten auf, spricht man von „Duplicate Content" (doppeltem Inhalt). Hat man auf mehreren Seiten denselben Inhalt, weiß die Suchmaschine nicht, wohin sie den Besucher leiten soll, wenn nach Begriffen auf der Seite gesucht wird, da es ja mehrere Ziele geben könnte. Daher straft die Suchmaschine solche Inhalte ab, indem die Position im Suchergebnis deutlich niedriger ist, als sie es wäre, wären die Inhalte einzigartig.

Bildunterschriften

Für Menschen sind Bilder sehr wichtig und wertvoll, denn sie können die auf den Bildern enthaltenen Informationen schnell erfassen und sie in einen Kontext stellen. Suchmaschinen können aber mit den darauf enthaltenen Informationen (noch) nichts anfangen. Daher muss man dafür sorgen, dass jedes Bild einen sogenannten „Alternativtext" enthält, den die Suchmaschine auslesen kann. Diesen Alternativtext gibt man über das Attribut `alt` an:

```
<img src="umsatz.png" alt="Umsatzentwicklung 2017
von lobacher consulting" />
```

SEO-Texte

Wenn man für einen Suchbegriff gefunden werden will, muss dieser auch auf der Webseite vorkommen. Daher ist man gut beraten, den gewünschten Suchbegriff zwar oft, aber dennoch natürlich auf der Webseite zu verteilen. Früher gab es einfache Regeln dafür, z. B. Zwischen 3 und 5 Prozent „Keyword-Dichte" (also das Verhältnis des Suchworts zum restlichen Text). Dies ist heute deutlich komplizierter geworden und lässt sich nicht mehr so einfach in eine Zahl fassen. Dabei ist die Vorgehensweise eigentlich recht simpel: Man schreibt den Text zu einem Thema einfach so passend wie irgend möglich und gibt ihn Vertretern der potenziellen Zielgruppe. Wenn diese den Text als hilfreich und relevant bezeichnen würden, dann wird die Suchmaschine dasselbe davon halten.

Google Search Console

Die „Google Search Console" (die bis Mitte 2015 den Namen „Google Webmaster Tools" getragen hat) ist ein Onlinedienst der größten Suchmaschine Google Inc., der bei der Suchmaschinenoptimierung hilft.

Über den Dienst erhält man verschiedene Informationen über die eigene Webseite. So kann man dort beispielsweise einsehen, welche Webseiten auf die eigene Domain verlinken, wie viele Zugriffe die Google Webcrawler (diese durchsuchen regelmäßig die Webseite) stellen und ob Probleme beim Crawling (also beim Durchsuchen) durch Google festgestellt wurden (z. B. sogenannte tote Links – also Links, die kein Ziel mehr haben).

Zudem können die Sitemap und die *robots.txt* überprüft werden. Weiterhin gibt Google Verbesserungsvorschläge für HTML-Dokumente ab. Durch die Anzeige von URLs, die sich denselben Seitentitel oder dieselbe Meta-Description teilen, hilft die Google Search Console bei der Optimierung der Webseite.

Zu den wichtigsten Funktionen der Google Search Console zählt die Suchanalyse. In dieser Analyse sieht man, für welche Begriffe die eigene Webseite in den unbezahlten Suchergebnissen erscheint. Um Zugriff auf die in Google Search Console bereitgestellten Informationen zu einer Domain zu erhalten, muss die Inhaberschaft dieser Domain bestätigt werden.

1 Rufen Sie zunächst die folgende URL auf: https://www.google.com/webmasters/tools/home?hl=de.

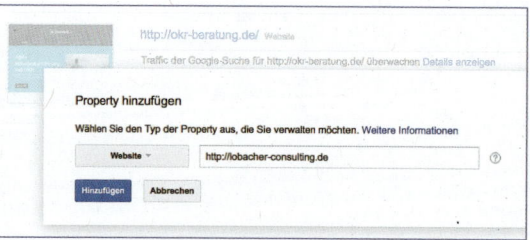

2 Klicken Sie nun auf die rote Schalfläche rechts oben *Property hinzufügen*. In das erscheinende Fenster tragen Sie die URL Ihrer Webseite ein und klicken auf *Hinzufügen*.

3 Folgen Sie nun den angezeigten Schritten, um zu belegen, dass die URL Ihnen gehört: Laden Sie die HTML-Bestätigungsseite herunter. (Diese ist verlinkt – klicken Sie auf den Link und speichern die HTML-Seite ab.)

4 Laden Sie die Datei auf *http://lobacher-consulting.de/* hoch (bzw. auf Ihre Domain).

5 Bestätigen Sie den erfolgreichen Download, indem Sie *http://lobacher-consulting.de/google8e229a9d04b9893b.html* in Ihrem Browser aufrufen (bzw. den für Ihre Domain angepassten Link).

6 Klicken Sie unten auf *Bestätigen*.

7 Entfernen Sie die HTML-Datei auch nach einer erfolgreichen Bestätigung nicht, damit die Bestätigung aufrechterhalten bleibt.

8 Sobald die Inhaberschaft bestätigt wurde, haben Sie Zugriff auf die Daten der Google Search Console. Allerdings müssen Sie am Anfang einige Stunden warten, bis genügend Daten ermittelt wurden.

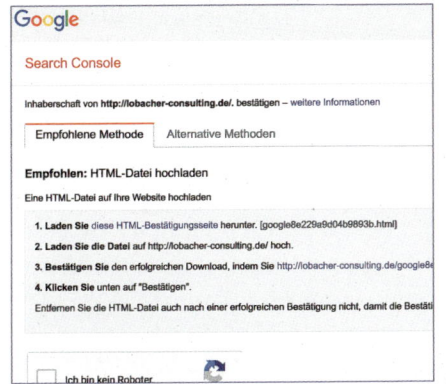 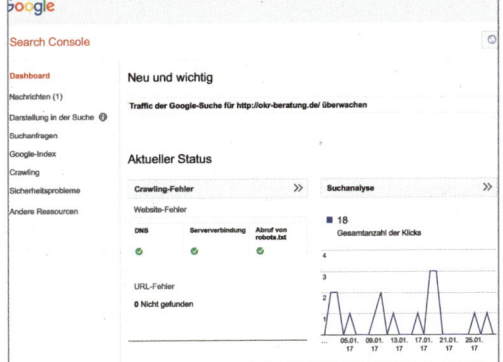

Geld verdienen mit der eigenen Webseite

Geld oder gar den Lebensunterhalt mit der eigenen Webseite verdienen, ganz nebenher und ohne weiteren Aufwand – das ist sicher der Traum vieler. Tatsächlich ist dies – in begrenztem Umfang – sogar möglich. Dazu werden Werbelinks eingebaut, die auf Reisebüros, Buchläden, T-Shirt-Druckereien, Webspace-Verkäufer oder andere Gewerbetreibende verweisen.

Allerdings sollte man sich stets bewusst sein, dass der Webseite-Besucher im Normalfall nur auf für ihn interessante Links klicken wird. So hat auf einer Seite über Buchbesprechungen ein Link zu einem Buchladen auf jeden Fall seine Berechtigung. Besteht zwischen Werbepartner und Inhalt der Webseite allerdings überhaupt keine Verbindung, ist es unwahrscheinlich, dass irgendjemand auf den Werbelink klickt.

Damit Anbieter von Produkten bzw. Dienstleistungen (Advertiser) und Werbung der Anbieter auf Internetseiten (also mit Ihnen als sogenanntem Publisher) zusammengebracht werden können, gibt es spezielle Partnerprogramme (auch als Affiliate Programs bezeichnet).

Bei den Partnerprogrammen haben Sie als Webseitenbetreiber eine große Auswahl an Firmen, mit denen Sie für Werbung bzw. Empfehlung, die auf Ihrer Internetseite platziert wird, Geld verdienen. Was aber sind die Vorteile solcher Partnerprogramme?

▶ **Die Partnerprogramme bieten** Ihnen verschiedenste Werbepartner an.

▶ **Die Partnerprogramme managen** die Verwaltung der Einkünfte (auch bei verschiedenen Werbepartnern).

▶ **Es werden umfangreiche** Statistiken bereitgestellt.

▶ **Die Partnerprogramme zahlen** das verdiente Geld gesammelt an Sie aus.

So läuft der Prozess des Affiliate Marketings ab

❶ **Der Endkunde besucht Ihre Webseite:** Um als Publisher mit Affiliate Marketing zu starten, benötigen Sie eine Onlinewerbefläche, auf der Sie Werbemittel (wie Banner) mit Affiliate Links platzieren können. Solche Werbeflächen können z. B. Webseiten, Blogs, mobile Apps oder Newsletter sein.

❷ **Der Endkunde klickt auf ein Werbebanner auf Ihrer Webseite:** Sobald Sie Besucher auf Ihrer Werbefläche haben, können Sie diesen Traffic in Geld konvertieren. Wenn Sie die Advertiser-Werbung an passender Stelle integrieren und Sie relevante Angebote für Ihre Besucher anzeigen, erhöht sich die Chance, dass die Besucher auf die Werbung klicken.

❸ **Der Endkunde kauft im Onlineshop des Advertisers:** Wenn der Besucher auf der Webseite des Advertisers durch Ihre Vermittlung etwas kauft, erhalten Sie dafür eine Provision. Je mehr Besucher Sie zur Advertiser-Webseite schicken (Click

Through Rate) und je mehr davon etwas kaufen (Conversion Rate), desto mehr Geld verdienen Sie.

❹ **Sie erhalten eine Provision für die generierten Leads und Sales:** Sobald der Advertiser bestätigt, dass der Kunde von Ihnen zu ihm geleitet wurde und dort gekauft hat („lead and sale"), wird Ihrem Account die Provision gutgeschrieben.

Anmelden bei Zanox

Das größte Partnerprogramm in diesem Bereich ist sicherlich Zanox – es enthält weit über 4300 Firmen, mit denen Sie Geld verdienen können. Die Anmeldung ist kostenlos und geht schnell. Gehen Sie hierzu auf die Webseite http://www.zanox.com/de und klicken Sie auf *Publisher – Jetzt kostenlos registrieren* und folgen den Anweisungen.

Anmelden bei Amazon

Eine weitere Möglichkeit ist das Partnerprogramm von Amazon – erreichbar unter https://partnernet.amazon.de/gp/associates/join/landing/.

Das Amazon-Partnerprogramm ermöglicht es Webseitenbetreibern und Bloggern, trackbare Links zu Amazon zu erstellen und auf ihren Internetseiten bzw. Blogs einzubinden. Werden über diese Speziallinks Verkäufe auf Amazon generiert, erhält der Partner eine Werbekostenerstattung von bis zu 10 Prozent des vermittelten Umsatzes. Die Teilnahme am Programm ist kostenfrei und unverbindlich, zudem sind die Affiliate-Links leicht zu integrieren.

Wie bekomme ich mehr Besucher auf die Webseite?

Das wichtigste Ziel lautet natürlich immer, möglichst viele Besucher auf die Webseite zu bringen. Hierfür gibt es aber nicht den einen Tipp – sondern man muss eine Reihe von Dingen richtig (bzw. überhaupt erst) machen, damit die Besucher auch in Scharen auf die eigene Webseite kommen.

Aktualität

Nichts ist langweiliger für den Besucher, als eine veraltete Webseite – daher sollten Sie immer aktuelle Inhalte bereitstellen. Das sorgt dafür, dass ein Besucher, der einmal auf Ihrer Seite war, immer wieder dorthin zurückkommen wird.

Gute Inhalte

Definitiv am wichtigsten ist der Inhalt an sich. Versuchen Sie, spannende Themen auf die Webseite zu bringen, achten Sie auf einen flüssigen und gefälligen Schreibstil, platzieren Sie gute und ansprechende Bilder und binden Sie – so sinnvoll wie möglich – auch Videos in die Webseite ein. Zudem sollte die Webseite über einen roten Faden verfügen, damit sich Besucher nicht verlieren. Über ein sogenanntes Story Telling (Geschichten-Erzählen) sorgen Sie dafür, dass dem Besucher eine Geschichte zu Ihren Produkten oder Leistungen erzählt wird.

Suchmaschinenmarketing

Wie bereits vorhin gezeigt, ist es essenziell, dass die Seite gut für Suchmaschinen optimiert ist, denn dann wird diese dort auf deutlich höheren Plätzen im Suchergebnis positioniert und damit schneller von potenziellen Besuchern gefunden. Der meiste Traffic geht immer noch von den Suchmaschinen aus – daher sind diese auch eminent wichtig.

Social Media und Blogs

Wichtig ist es, auf allen großen Social-Media-Plattformen aktiv zu sein und dort immer wieder auf Ihr Angebot hinzuweisen. Facebook und Twitter sind Pflicht. Lebt Ihre Webseite von Fotos, sollte auch Instagram berücksichtigt werden. Arbeiten Sie viel mit Videos, sollten Sie YouTube einbinden.

Suchen Sie auch nach themenrelevanten Blogs und beteiligen Sie sich aktiv an der Diskussion. Dies sollte – wenn möglich – nicht werblich geschehen. Trotzdem können Sie aber in jedem Posting auf Ihr Webangebot durch Setzen eines Links verweisen.

Communitypflege

Haben Sie Kommentare aktiviert, sollten Sie sich auch um diesen Bereich kümmern. Löschen Sie Spam und Werbung, antworten und bedanken Sie sich für das Input Ihrer Nutzer und versuchen Sie so, eine gewisse Stammkundschaft aufzubauen.

Werbung schalten

Die Schaltung von Werbung für Ihr Angebot ist auf jeden Fall sinnvoll, auch wenn dies in den meisten Fällen Geld kostet. Google bietet etwa das Programm Google Adwords an: http://adwords.google.com. Hier kann man im oberen und unteren Bereich der Suchliste bei Google Positionen „buchen". Dafür wird ein CPC (Cost per Click) ausgerechnet, der wiederum von der Relevanz und Konkurrenz abhängt sowie dem Preis, den man zu zahlen bereit ist (pro Tag oder pro Monat). Die Preise für einen Klick können dann im Bereich zwischen wenigen Cents bis zu mehreren Euros liegen.

Diese Möglichkeit der Werbeschaltung hat auch Facebook mit dem sogenannten Werbeanzeigenmanager, den Sie unter der folgenden URL erreichen: https://www.facebook.com/business/products/ads.

Recht im Netz

Das Internet ist kein rechtsfreier Raum. Viele Gesetze beziehen sich ganz automatisch auch auf Aktivitäten im Netz – etwa Hehlerei oder Volksverhetzung –, andere Gesetze wurden speziell für das Internet geschaffen. Etwas Grundwissen in diesem Bereich hilft Ihnen, solche Probleme von Anfang an zu umschiffen.

Impressumspflicht beachten

Das Impressum ist die wichtigste rechtliche Angabe eines jeden Internetangebots. Welche Angaben aber muss ein Impressum genau enthalten?
Betreiber gewerblicher Webseiten sind gemäß § 5 TMG (Telemediengesetz) verpflichtet, auf der Webseite ein Impressum mit bestimmten Mindestangaben zu führen. Nach den gesetzlichen Vorgaben darf dabei auf keinen Fall fehlen:

▶ **Der Name** des Inhabers bzw. der Firma
▶ **Eine zustellfähige** Adresse
▶ **Angaben zur elektronischen** Kontaktaufnahme und unmittelbaren Kommunikation inklusive einer E-Mail-Adresse

Ist der Anbieter der Webseite eine juristische Person, müssen auch die Vertretungsberechtigten genannt werden. Sollte für die Webseite eine behördliche Zulassung notwendig sein, muss zusätzlich die Aufsichtsbehörde angegeben werden.
Wenn die Firma in ein Register eingetragen ist, wie etwa in das Handels- oder das Vereinsregister, so muss die Registernummer angeführt werden. Existiert bereits eine Umsatzsteuer-Identifikationsnummer (§ 27a Umsatzsteuergesetz), darf auch diese nicht fehlen.

§ 55 Abs. 2 RStV (Rundfunkstaatsvertrag)
„Anbieter von Telemedien mit journalistisch-redaktionell gestalteten Angeboten (...) haben zusätzlich zu den Angaben nach §§ 5 und 6 des Telemediengesetzes einen Verantwort-

lichen mit Angabe des Namens und der Anschrift zu benennen. Werden mehrere Verantwortliche benannt, so ist kenntlich zu machen, für welchen Teil des Dienstes der jeweils Benannte verantwortlich ist. Als Verantwortlicher darf nur benannt werden, wer 1. seinen ständigen Aufenthalt im Inland hat, 2. nicht infolge Richterspruchs die Fähigkeit zur Bekleidung öffentlicher Ämter verloren hat, 3. voll geschäftsfähig ist und 4. unbeschränkt strafrechtlich verfolgt werden kann."

Zusätzlich können bei speziellen Berufsgruppen weitere Angaben erforderlich sein. So sei an dieser Stelle nur der Freiberufler genannt. Dieser muss zusätzlich folgende Informationen auflisten:

- **Die zuständige** Kammer
- **Die gesetzliche** Berufsbezeichnung
- **Der Staat,** in dem die Berufsbezeichnung verliehen wurde
- **Einen Link** zu den berufsständischen Regelungen

Die genannten Angaben müssen auf der Webseite leicht erkennbar, unmittelbar erreichbar und ständig verfügbar sein. Hierzu genügt ein Link auf der Startseite (und allen weiteren Unterseiten) auf eine eigene Impressumsseite.

Die Regelungen zur Impressumspflicht sollte man äußerst ernst nehmen. Ein Verstoß dagegen stellt eine Ordnungswidrigkeit dar, die mit einer Geldbuße von bis zu 50 000 Euro geahndet werden kann. Zusätzlich besteht das Risiko einer Abmahnung durch andere Wettbewerber oder eine Wettbewerbsbehörde.

Unter der URL https://www.e-recht24.de/impressum-generator.html finden Sie einen „Impressum-Generator", der ein für Ihre Bedürfnisse geeignetes Impressum erstellt.

Haftung für Hyperlinks

Ein weiteres rechtliches Problem stellt sich, wenn Sie etwa auf Ihrer Webseite Links zu anderen Webseiten platzieren.
Gefahr droht in diesem Zusammenhang in doppelter Hinsicht: Zum einen können wettbewerbsrechtliche Probleme auftreten, zum anderen stellen sich haftungsrechtliche Fragen. So besteht ein Risiko für Sie, wenn die von Ihnen verlinkten Seiten einen rechtswidrigen Inhalt haben.

Rechtliche Situation in Deutschland

Der Bundesgerichtshof (BGH) hat sich in einer Anfang 2016 veröffentlichten Entscheidung (Urteil vom 18.06.2015, Az.: I ZR 74/14) mit der Frage befasst, ob und unter welchen Voraussetzungen derjenige, der einen Hyperlink setzt, für die verlinkten fremden Inhalte haften kann, wenn das verlinkte Angebot Rechtsverletzungen enthält.
Das Ergebnis lautet zusammengefasst: Sie haften für Informationen in Links wie für eigene Informationen, wenn Sie sich die Inhalte auf der verlinkten Seite zu eigen gemacht haben. Den gesamten Urteilstext finden Sie im Internet (Suche nach BGH, Az.: I ZR 74/14). Sich etwas zu eigen machen kann man etwa, wenn Sie beispielsweise ein Thema, ein Verfahren, eine Marke oder Ähnliches in Ihrem Text behandeln und dazu einen Link direkt auf eine dem Thema, Verfahren oder Marke zugehörige Seite anbieten – und sich unter diesem Link dann rechtsverletzende Inhalte finden. Hier verweist der BGH auf seine bisherige Rechtsprechung:

> *„Maßgeblich für die Frage, ob sich der Unternehmer mit seinem eigenen Internetauftritt verlinkte Inhalte zu eigen macht, ist die objektive Sicht eines verständigen Durchschnittsnutzers auf der Grundlage einer Gesamtbetrachtung*

aller Umstände (vgl. BGH, Urteil vom 12. November 2009 – I ZR 166/07, GRUR 2010, 616 Rn. 23 = WRP 2010, 922 – marions-kochbuch.de)."

In diesem Fall hätten Sie eine „zumutbare Prüfungspflicht" verletzt, die Inhalte der verlinkten Seiten zu prüfen.

In anderen Fällen, wenn Hyperlinks nur wie „weiterführende Quellen" als Fußnoten gehandhabt werden, liegt meist keine Haftung vor.

Unterschieden wird auch, ob Sie einen sogenannten „Deep Link" anbieten, der unter einer langen Webadresszeile auf eine bestimmte Internetseite verweist und dessen Inhalt Sie sich somit zu eigen machen, oder ob Sie nur die Webadresse für die oberste Webseite (wie https://www.test.de) anbieten – von der Sie unmöglich alle Unterseiten prüfen können.

Erfahren Sie selbst oder über Dritte davon, dass einer Ihrer bereitgestellten Links – von denen Sie bis jetzt angenommen haben, sie seien in Ordnung – doch rechtsverletzendes Material beinhaltet, haften Sie, sobald Sie davon Kenntnis erlangt haben. Dann sollten Sie den Link unverzüglich überprüfen bzw. löschen.

Hyperlink-Regelung im Alltag

Letztlich sind fast alle Fälle vor Gericht Einzelfallentscheidungen. Durch eine wachsende Abmahnindustrie im Internet könnten Sie aber ohne böse Absicht unliebsame Post bekommen. Halten Sie sich daher besser zumindest an folgende Tipps:

▶ **Stellen Sie keine Deep Links** bereit – oder nur dann, wenn Sie genau wissen, welche Inhalte sich dahinter verbergen.

▶ **Fügen Sie Ihrer Webseite** eine Haftungserklärung bei. Beispiele von Haftungserklärungen finden Sie, wenn Sie nach „Haftungserklärung Links" mit der Suchmaschine Ihrer Wahl suchen.

Datenschutzrecht

Unternehmensgründer sollten bei der Webseitengestaltung auch das Thema „Datenschutz" mit auf die Agenda nehmen. Denn neben Abmahnungen von Wettbewerbern, Bußgeldern der Aufsichtsbehörden und strafrechtlichen Sanktionen droht Unternehmen vor allem der Vertrauensverlust der Nutzer. Dabei sind die zu Beginn bei kleinen Unternehmen zu beachtenden Regularien noch relativ einfach darstellbar:

Datenschutzerklärung: Rechtliche Grundlage

Die meisten gewerblichen Webseiten benötigen gemäß § 13 Abs. 1 TMG eine sogenannte Datenschutzerklärung, der folgendes gesetzliches Erfordernis zugrunde liegt:

> „Der Diensteanbieter hat den Nutzer zu Beginn des Nutzungsvorgangs über Art, Umfang und Zwecke der Erhebung und Verwendung personenbezogener Daten sowie über die Verarbeitung seiner Daten in Staaten außerhalb des Anwendungsbereichs der Richtlinie 95/46/EG des Europäischen Parlaments und des Rates vom 24. Oktober 1995 zum Schutz natürlicher Personen bei der Verarbeitung personenbezogener Daten und zum freien Datenverkehr (ABl. EG Nr. L 281 S. 31) in allgemein verständlicher Form zu unterrichten, sofern eine solche Unterrichtung nicht bereits erfolgt ist. Bei einem automatisierten Verfahren, das eine spätere Identifizierung des Nutzers ermöglicht und eine Erhebung oder Verwendung personenbezogener Daten vorbereitet, ist der Nutzer zu Beginn dieses Verfahrens zu unterrichten. Der Inhalt der Unterrichtung muss für den Nutzer jederzeit abrufbar sein."

Was sollte eine Datenschutzerklärung enthalten?

Die Datenschutzerklärung enthält in der Regel Ausführungen zur Erhebung und Verarbeitung von folgenden Informationen:

- ▶ **http**-Protokolldaten
- ▶ **Verwendung** personenbezogener Daten
- ▶ **Nutzung** von Cookies
- ▶ **Versand** von Newslettern
- ▶ **Datensicherheit** im Allgemeinen
- ▶ **Auskunftsrecht** der Betroffenen
- ▶ **Falls einschlägig:** Die Nutzung von Google Analytics sowie Google AdWords

Wie das Impressum ist auch die Datenschutzerklärung in leicht auffindbarer Art und Weise auf der Webseite zu verlinken. Beispiele von Datenschutzerklärungen finden Sie, wenn Sie nach „Datenschutzerklärung" mit der Suchmaschine Ihrer Wahl suchen.

Rechtliches zu Fotos

Ein Bild sagt mehr als tausend Worte. Daher geht im Internet ohne Fotos fast nichts. Aber auch hier lauern Fallstricke.

Urheberrecht

Das Internet ist voller Fotos – aber sie dürfen nicht einfach abgespeichert und auf der eigenen Webseite verwendet werden. Einige Fotografen verfolgen die Verwendung ihrer Bilder sehr aktiv und fordern im Verletzungsfall hohe Schadenersatzbeträge. Dabei ist es egal, ob auf dem Bild lediglich etwas Triviales wie ein Baum oder ein Hamburger zu sehen ist oder ob Sie selbst das Bild noch künstlerisch weiterbearbeitet haben.

Professionelle Bildagenturen wie Getty Images oder iStockPhoto haben zudem automatische Suchroutinen (genannt „Crawler"), die das Internet nach unlizenzierten Bildern durchsuchen und sogar per Bildbearbeitung veränderte Bilder erkennen.

Daher lautet der oberste Grundsatz: Finger weg von fremden Fotos, Grafiken, Skizzen, Videos und Ähnlichem!

Persönlichkeitsrecht

Ihre eigenen Fotos gehören Ihnen. Was aber, wenn fremde Personen darauf erkennbar sind? Rechtlich korrekt müssen Sie sie alle nach ihrem Einverständnis fragen, wenn Sie das Bild öffentlich verwenden wollen, oder die Gesichter unkenntlich machen. Dies gilt auch bei Menschengruppen unverändert.

Aufgehoben wird das Recht, wenn die Personen Teil eines öffentlichen Ereignisses oder nur Beiwerk sind – etwa bei Fotos von einer Demonstration oder vom Eiffelturm. Im Einzelfall ist es aber sehr strittig, ob der markante Fahnenschwinger oder das küssende Pärchen vor dem Eiffelturm (und damit dessen Persönlichkeitsrechte) nicht doch zentrales Element des Fotos und nicht nur Beiwerk sind. Stars oder Politiker sind Personen der Zeitgeschichte, ihr Einverständnis ist nicht notwendig. Sind diese aber offensichtlich als Privatmenschen unterwegs – etwa zum Einkaufen –, besitzen sie Persönlichkeitsrechte wie jeder andere.

Konzerte sind rechtlich gesehen fast immer Privatveranstaltungen, daher haben Sie hier nicht das Recht an den Inhalten und dürfen Ihre eigenen Fotos davon somit nicht veröffentlichen.

Rechtlich einwandfreie Quellen für Fotos

Abgesehen von Ihren eigenen, rechtlich einwandfreien Bildern, bieten Bildagenturen sowie Creative-Commons-Lizenzen gratis wie kostenpflichtig eine große Auswahl an Bildmaterial an. Bei fremden (auch gekauften) Bildern darf nie der Copyrightvermerk (©) fehlen, der als Quelle Fotografen und/oder Bildagentur nennt.

Hilfe
Stichwortverzeichnis

A
Affiliate Marketing 160
   -Links 160, 161
Amazon, Marketing 161
Akismet 126
Avatar siehe Benutzerbild 33

B
Back-End 104
Benutzerbild 33
Bilder siehe Fotos
Blog 7, 27, 114, 124
Bootstrap 132, 143

C
Card Sorting 77
Cascading Style Sheet siehe CSS
CSS 110, 130, 147ff.
   – Basis-Syntax 148
   – Farben 150
   – Framework 133
   – Größe von Elementen 150
   – Layout 150
   – Ränder 150
Communitypflege 163
Content (Inhalt) 23
Copyright 57, 171
Cost per Click (CPC) 163
CSS 7, 9, 20, 138, 147

D
Daten, Personenbezogene, siehe Datenschutzerklärung 59
Datenschutz 169
   – Cookies 58
   -erklärung 59, 169
   – Inhalte 170
Deep Link 168
Domain 23
   – Domain Name Service (DNS) 95
   – Namensvarianten 24
   – Übersicht über Top-Level-Domains 19

F
Facebook 7, 24
   – Aktivitätenprotokoll 40
   – Beitragsattribution 39
   – Benachrichtigungen 39
   – Benutzerbild 33
   – Einstellungen 39
   – Gestaltungselemente 37
   – Impressumspflicht 41
   – Informationen 37
   – Kontoeinrichtung 32
   – Kategorien 34
   – Registrierung 32
   – Seitenerstellung 31, 34
   – Seitengestaltung 37
   – Titelbild 37
   – Titelbild hochladen 37
   – Timeline 34
   – Veranstaltungen 40
Favicon 58
File Transfer Protocol siehe FTP
FileZilla 97
Fotos
   – Beiwerk 171
   – Bildagenturen 171
   – Haftung 170
   – Persönlichkeitsrecht 171
   – Stockphotos 29
   – Urheberrecht 170
   – in WordPress 120
Front-End 104
FTP 14, 22, 81, 97, 102
   -Programm 22, 97
   -Server 22
   -Server nutzen 98

G
Google 17
   – Adwords 163
   – Search Console 157, 158
   – Webmaster Tools 157

H

Hacker 7
Homepage 27
  – Kosten 28
  -Baukasten 47, 48, 101
Hoster 81
Hosting 9, 18, 23, 81
  – einrichten 93
  – 1&1-Pakete 87
  – 1blu-Pakete 91
  – Alfahosting-Pakete 92
  – Anbieterübersicht 87
  – Arbeitsspeicher 84
  – Datenbanken 83
  – Dedicated Hosting 86
  – DomainFactory-Pakete 89
  – Domains 83
  – Leistungen 81
  – Laufzeit 94
  – Skriptsprachen 84
  – STRATO-Pakete 90
  – Traffic 84
  – Verschlüsselung des Datenverkehrs 84
  – Webspace 82
HTML 7, 111, 131, 138
  – Absätze 140
  – Aufzählungen 144
  – Bilder 147
  – Button 146
  – Container 145
  – Grundgerüst 142
  – HTML5 145
  – Kopf (head) 20
  – Körper (body) 20
  – Links 146, 147
  – Listen 144
  – Tags 139ff.
  – Überschriften 141

Hypertext Markup Language siehe HTML
Hyperlinks 15, 20
  – Haftung 167, 168

I, J

Icon siehe Favicon, siehe Logo
Impressum 165, 170
  – Impressum-Generator 166
  -angaben 46
  -pflicht 166
Inklusivvolumen 84
Instagram 163
Internet, Geschichte des 12
IP (Internet Protocol) 14
IP-Adresse 17
JavaScript 7, 20, 83
  -Code 138

K

Kommentare 27
Konkurrenzanalyse 68
Konzeption (Webseite)
  – Basiskonzept 65
  – Benutzerführung 67
  – Content First 76
  – Design 68
  – Feinkonzept 74
  – Fragen entwickeln 66
  – Informations-architektur 68
  – Inhalt 67
  – Konkurrenzanalyse 67

  – Mobile First 76
  – Navigationskonzept 67
  – Persona 69
  – Social Links 111
  – Unique Selling Point (USP) 66
  – Webseite 64, 65, 67
  – Wireframes 79
  – Zielgruppe 67

L, M

Landing-Page 26
Logo, anpassen 60
  umsonst erstellen 60
lokaler Rechner 81
Marketing 162
Metainformationen (Webseite) 143

N, O

Navigation
  – Hauptnavigation 72
  – Service-/Meta-Navigation 73
  – Social-Media-Navigation 73
  – Unternavigation 73
  -architektur 71
  -konzept 71, 77
  -typen 72, 74
Nutzerverwaltung 27
Onlineaffinität 10
Onlineauftritt, Arten des 24
  – Grundvoraussetzung 22
Onlineshop 12, 26

P, Q

Permalinks 125
Persona 69, 71
– Eigenschaften 70
– siehe auch Konzept
PHP 84
Protokoll
– TCP/IP 15
– FTP 22
– HTTP 15
– Provider 81
Publisher 160
QR-Code 63
QuickEdit 114

S

Script-Sprache 83
Search Engine Optimization siehe SEO
Selbstvermarktung 11
SEO 9, 53
– Bildunterschriften 156
– Seitenbeschreibung 155
– Seitentitel 154
– Suchmaschinenmarketing 162
– Texte 157
Server 18, 81
Shop-Webseite 11
Social Media, Marketing 163
Soziale Netzwerke 7, 31
Speicherplatz 82
Steueranweisungen (Tags) siehe HTML

T

Tags siehe HTML
Template 75, 151
– Analyse 135
– Anbieter 133
– Änderungen selbst vornehmen 151
– Download 133
– finden und verwenden 132
Themes 106, 128, 129
Optionen 110
Titel 108
Titelbild 108
Toolbar siehe WordPress

U, V

URL (Uniform Resource Locator) 15
Visitenkarte siehe Web-Visitenkarte
Visitenkarte, echte 63
Vserver 85

W

Webarchitekturen 9
Webhosting siehe Hosting
Webseite
-Baukasten 47
– in fünf Minuten 44
-Informationen 109
– Kosten Erstellung 29
Startseite 78, 114
statische 110
Web-Visitenkarte 9, 11, 25, 45
– aktiv nutzen 63
– Baukastenoberfläche 56
– Einstellungen 57
– Farben anpassen 62
– Implementierung 53
– Logo anpassen 60
– Setup 54
Werbebanner 160
Wireframes siehe Konzept
WordPress 9, 101, 105, 118, 125
– Admin Sidebar 105
– Back-End 104
– Beiträge 106, 112
– Beiträge veröffentlichen 113
– Benutzer 107
– Customizer 108
– Dashboard 106
– Datenbank anlegen 102
– Design 107
– Download 101
– Einstellungen 123
– Fotos hochladen 118
– Installation 101, 103
– Kommentare 107
– Live-Vorschau 117
– Manual Image Crop 126
– Mediathek 118
– Medien 107
– neue Seite anlegen 116
– Plug-ins 106, 125
– Plug-ins, Installation 126
– QuickEdit 114
– Seiten, Unterseiten 107

– Seiten verwalten 114
– Videos einbinden 121
– Themes 128
– Template siehe auch Template 75, 151
– Toolbar 105, 108
– Videos einbinden 121
– Werkzeuge 108
– Werkzeugleiste 105
– Widgets 110
World-Wide-Web-Konsortium (W3C) 147
WWW (WorldWideWeb, Browser) 15
WYSIWYG-Webseiten-Baukästen 49

X, Y, Z

Xing 31
YouTube 121, 163
Zanox, Marketing 161
Zielgruppe 10, 72, 75, 76, 77
Zugriff per FTP 97
Zweck des Onlineauftritts 22

Der Autor Patrick Lobacher ist Digital Native, Berater, Trainer, agile Coach, Entwickler und Autor zahlreicher Fachbücher und -artikel zum Thema Webdevelopment und Agile. Er ist Geschäftsführer einer Unternehmensberatung für die Digitale Transformation.

© 2017 Stiftung Warentest, Berlin

Stiftung Warentest
Lützowplatz 11–13
10785 Berlin
Telefon 0 30/26 31–0
Fax 0 30/26 31–25 25
www.test.de
email@stiftung-warentest.de

USt-IdNr.: DE136725570

Vorstand: Hubertus Primus
Weitere Mitglieder der Geschäftsleitung:
Dr. Holger Brackemann, Daniel Gläser

Alle veröffentlichten Beiträge sind urheberrechtlich geschützt. Die Reproduktion – ganz oder in Teilen – bedarf ungeachtet des Mediums der vorherigen schriftlichen Zustimmung des Verlags. Alle übrigen Rechte bleiben vorbehalten.

Programmleitung: Niclas Dewitz

Autor: Patrick Lobacher
Projektleitung: Johannes Tretau
Lektorat: Magnus Enxing, Münster

Korrektorat: Nicole Woratz, Berlin
Titelentwurf: Sylvia Heisler
Layout, Grafik, Satz: Sylvia Heisler
Screenshots: Patrick Lobacher
Bildnachweis: Getty Images (Titel); istock, shutterstock (Umschlag Rückseite); Wikipedia (Ck_mpk, WorldWideWeb browser running on NeXTStep: S. 16; Korodzik, Mosaic 3.0 running on Windows XP: S. 16; ©Netscape/Microsoft, A screenshot of Mosaic Netscape 0.9 on Windows XP: S. 17)

Produktion: Vera Göring
Verlagsherstellung: Rita Brosius (Ltg.), Susanne Beeh
Litho: tiff.any, Berlin
Druck: Rasch Druckerei und Verlag GmbH & Co. KG, Bramsche

ISBN: 978-3-86851-237-3

Wir haben für dieses Buch 100 % Recyclingpapier und mineralölfreie Druckfarben verwendet. Stiftung Warentest druckt ausschließlich in Deutschland, weil hier hohe Umweltstandards gelten und kurze Transportwege für geringe CO_2-Emissionen sorgen. Auch die Weiterverarbeitung erfolgt ausschließlich in Deutschland.